MANUAL DA BELEZA REAL

Copyright © Ricardo dos Anjos, 2021
Copyright © Editora Planeta do Brasil, 2021
Todos os direitos reservados.

Preparação de textos: Fernanda França
Ilustrações: Bia Lombardi
Projeto gráfico e diagramação: Sergio Rossi
Revisão: Renata Mello e Karina Barbosa dos Santos
Capa: Rafael Brum
Maquiagem: Ricardo dos Anjos
Assistente de maquiagem: Rafael Valentini
Styling: Ricardo dos Anjos
Fotos Capa e Miolo: Allan Louros
Produção Executiva: Gabriela Montagner
Casting: Ariani Carneiro
Coordenação de casting: Marina Felício

DADOS INTERNACIONAIS DE CATALOGAÇÃO NA PUBLICAÇÃO (CIP)
ANGÉLICA ILACQUA CRB-8/7057

Anjos, Ricardo dos
  Manual da beleza real / Ricardo dos Anjos. – São Paulo: Planeta, 2021.
  144 p.

ISBN 978-65-5535-312-9

1. Maquiagem 2. Beleza I. Título

21-0576   CDD 646.726

Índices para catálogo sistemático:
1. Maquiagem

2021
Todos os direitos desta edição reservados à
EDITORA PLANETA DO BRASIL LTDA.
Rua Bela Cintra, 986, 4º andar
Consolação – São Paulo – SP – CEP 01415-002
www.planetadelivros.com.br
faleconosco@editoraplaneta.com.br

MANUAL DA BELEZA REAL

RICARDO DOS ANJOS

)|(Academia

Sumário

Do autor 7
Prefácio 11
Pincéis 17
    Limpeza 23
Primer, Base, Pó e Corretivo 25
    Primer 27
    Base 27
    Pó 28
    Corretivo 28
Sobrancelhas 31
    Alinhamento e modelagem 33
    Descolorindo 35
Sombras 37
Cílios 41
    Curvex 43
    Máscara 44
    Cílios postiços 44
    Delineador 45
Lábios 47
Blush 51
Contorno 55
Maquiagem natural x Maquiagem neutra 59
Passo a passo 63

QUATRO COMBINAÇÕES BÁSICAS...69
TIPOS DE ROSTO..75
MAKEOVERS..85
    Joara Santos..86
    Marina Felício..88
    Regina Célia..90
    Ana Zambon...92
    Felipe, nome artístico Halessia.......................................94
    Rani Teraoka..96
    Flávia Ribeiro...98
    Tecka Matoso...100
    Bruna Alves..102
    Isabela Matte...104
    Beatriz Brito..106
    Ida Feldman...108
    Aretha Sadick..110
    Caroline Castella...112
    Babu Carreira..114
    Raquel Gonzaga..116
    Gabriela Carvalho..118
    Dani Maldonado..120
    Elton..122
    Lisiane Lemos..124
    Lica Kohirausch...126
    Tauany Almeida...128
    Grace Kelly Delalibera...130
    Patrícia...132
    Mathe (Maria Teresa)..134
DICAS PARA UMA PELE PERFEITA..137

Do autor

Fui criado pela minha avó numa casa cheia de mulheres, todas extremamente vaidosas e cada uma com suas manias e seus segredos de beleza. Todas usavam maquiagem.

É claro que naturalmente fui me encantando e me interessando cada vez mais por esse universo.

E foi por meio desse mundo de beleza que eu me encontrei profissionalmente e pude perceber que a maquiagem é capaz de esconder ou revelar a verdadeira essência de quem usa. Ao longo do tempo, constatei o poder que a maquiagem tem de transformar e empoderar uma pessoa.

Este livro é para todo mundo, de todos os gêneros, para você, que se ama e ama maquiagem e tudo que os melhores truques podem fazer por você! Ou não!

Resumo aqui truques e dicas essenciais. Experiência dos meus vinte e poucos anos de dedicação e amor ao meu trabalho com a maquiagem.

Dedico este livro **à minha vó materna, Creuza, que me ensinou que a beleza é capaz de transformar a alma.**

Ricardo dos Anjos

PREFÁCIO

R**icardo dos Anjos** sempre foi o profissional que, no mercado da maquiagem, conseguiu enxergar as belezas individuais. E, por meio desse seu talento, faz de cada singularidade algo ainda maior e mais impactante. Sei disso pois, além de sua amiga, sou sua cliente, e é impressionante como ele olha para cada mulher de maneira generosa e jamais apresentou uma maquiagem que nos fizesse parecidas com as outras. Não. Isso nunca! Ricardo enxerga a beleza de cada mulher para além do físico. Por isso, este livro faz tanto sentido. E, também por isso, fiquei tão honrada com o convite do Ricardo para que eu escrevesse o prefácio da sua obra.

Obrigada pela confiança, meu amigo. Fazer parte deste projeto é um deleite.

Além de maquiador, cabeleireiro, gente boa e possuidor de uma visão original do mundo, Ricardo dos Anjos também é um pensador, um artista manual que faz bolos, escalda-pés e perfumes. Um **alquimista**. E é com esse talento que ele vê a beleza, e é essa visão que ele coloca neste livro. Ricardo tira a beleza da dimensão óbvia e padronizada. Se Platão estivesse por aqui, Ricardo falaria para ele: *"Meu senhor, desculpe aí, mas o belo não está no equilíbrio, na simetria, na harmonia e muito menos na proporcionalidade.*

A beleza, senhor Platão, está no IMPERFEITO". Eu adoraria assistir a um diálogo desses ao vivo, mas já que não é possível, teremos neste livro a possibilidade desse bate-papo ilustre entre o perfeito e o único.

Neste livro, Ricardo nos presenteia com aquilo que ele entende como BELO; que não é o padrão, mas sim tudo aquilo que te faz PARTICULAR, ÚNICA e VOCÊ MESMA. Ou seja: a beleza, para Ricardo, é aquilo que faz uma mulher ter assinatura própria, e é com essa visão diferenciada do belo que ele ensina automaquiagem. O passo a passo para a maquiagem perfeita não é aprendido com dicas universais, afinal somos todas distintas e, levando isso em consideração, este livro aborda dicas e truques para diferentes tipos de rosto, olho, pele, boca etc., com a diferença que Ricardo não vai te ensinar a ficar igual à moça da revista, mas vai te ensinar a valorizar aquilo que te faz VOCÊ.

Não é por nada, não, mas, se tem algo que nos dá poder, é a consciência da nossa própria beleza; só que na maioria das vezes nós só achamos defeitos em nós mesmos. Sim, o padrão nos transforma em seres neuróticos, em busca de cirurgias, procedimentos e qualquer coisa que nos transforme na moça "da revista". A notícia é que chegou o fim dessa era. O novo grito da beleza é o seu tempero, aquilo que te tira do óbvio, que te dá algo tão seu que pode ser até tortuoso, mas que, se bem-aceito por você, será a sua beleza.

E com a consciência de que é na sua testa grande, ou no seu rosto redondo, ou no seu olho um pouco caído que está sua beleza, o mundo jamais será o mesmo com você nele, porque, na verdade, VOCÊ SERÁ UM MUNDO EM SI MESMA.

Eu garanto que a nova trajetória feminina, em que a beleza particular é a que te faz ÚNICA, será mais divertida, emocionante e poderosa do que a experiência de beleza que você teve até agora. Vamos dar adeus ao belo como perfeição, utilidade ou purificação. O BELO é o que nos faz nós mesmas, e é essa autoestima elevada que Ricardo se compromete a nos dar neste livro, levando em consideração não só traços físicos, mas também traços de personalidade de cada mulher. Afinal, nós somos corpo e alma e é esse conjunto que nos dá nosso lugar no mundo.

Portanto, caríssima leitora, folheie, aprenda e saboreie as dicas do Ricardo, sabendo que cada uma delas irá te levar a saborear a si mesma!

Ao poder da beleza própria!

Divirta-se!

Grande beijo.

Suzana Pires

PINCÉIS

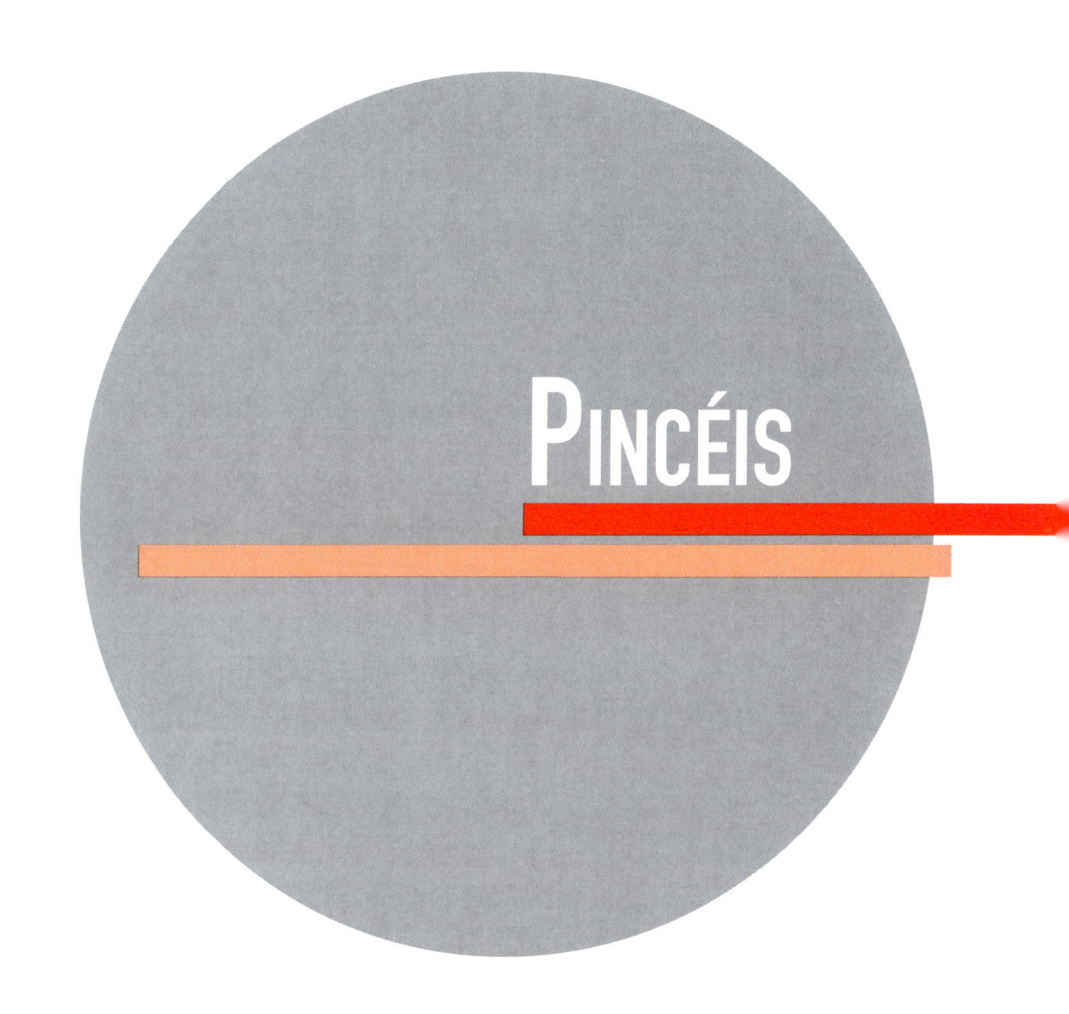

As ferramentas certas fazem uma enorme diferença na aplicação da maquiagem. A base pode ser aplicada de maneira mais uniforme, o lábio e a cor dos olhos podem ser desenhados mais suavemente, as sobrancelhas podem ser bem mais naturais quando executadas com pincel. Se for *duo fiber* então, melhor ainda! (Esse é feito com dois tipos de cerdas). E não precisa custar uma fortuna. Eu vasculho tudo, desde drogarias até lojas especializadas, na minha busca pelas ferramentas perfeitas e por bons preços. Aqui está a minha lista de acessórios essenciais que vão facilitar a sua vida na hora de fazer a sua maquiagem.

1. PINÇA: o modelo pontiagudo funciona melhor, pois a ponta se encaixa perfeitamente. É importante que a pinça agarre os pelos com muita firmeza. Não há jeito indolor de arrancar as sobrancelhas... Manter a pele esticada enquanto se arranca os pelos, usar gelo e/ou um anestésico tópico, pode tornar o processo mais suportável.

2. **Esponjas:** Esponjas ovais ou arredondadas facilitam, pois podem entrar nos pequenos vincos em torno do nariz e dos olhos. Eu uso uma variedade de tamanhos para diferentes procedimentos, uma para aplicar e misturar a base ao corretivo, outra para passa o pó. Descubra a sua!

3. **Pente de cílios:** Usando um pente de dentes finos, você evita que os cílios se transformem num emaranhado de fios!

4. **Escova de sobrancelha:** Esta é uma ferramenta essencial! Escovar as sobrancelhas para cima pode abrir a área dos olhos e ajudar a encontrar o formato perfeito para o seu rosto. As cerdas não devem ser muito duras e nem o pincel muito grande.

5. **Pincel grande de pó:** O de 3 cm de diâmetro é o meu tamanho favorito! Aplicar o pó e lustrar o rosto com o mesmo pincel deixa o resultado mais natural.

6. **Pincel de blush:** Deve ter cerca de 2 cm de diâmetro. Eu normalmente não uso os pincéis que vêm nas embalagens de blush. Em geral, eles são pequenos demais e possuem cerdas muito duras.

7. **Pincel para lábios:** Muito importante para mim, porque eu raramente aplico o batom direto do tubo, já que o tubo não permite controle suficiente sobre a aplicação. Esse pincel deve ser firme, pequeno e com cerdas muito macias.

8. **Curvex:** Eu acho que TODO MUNDO deve usar curvex! Para ter cílios bem curvados, uso um modelador com almofadas de borracha arredondadas; elas evitam que os cílios quebrem. Eu começo colocando o curvex o mais próximo possível da base dos cílios.

Daí vou dando apertadinhas enquanto direciono o curvex para as pontas dos cílios. Assim você garante uma curva suave e natural.

9. **Pincéis de sombra:** Eu gosto de usar esses três tipos de pincel de sombra. O primeiro é para esfumar, o segundo para criar traços mais precisos e áreas pequenas e o terceiro para aplicar sombra em áreas maiores, como a pálpebra móvel.

10. **Pincel de contorno:** Prefira um pincel de contorno redondo, com cerca de 3 cm de diâmetro e se possível com cerdas *duo fiber*.

11. **Tesoura:** Eu uso uma tesoura do tamanho de uma tesoura de cutícula, mas com pontas levemente curvadas para aparar os cílios e as sobrancelhas.

12. **Pincel de base:** Minha dica é um pincel de aproximadamente 1 cm de diâmetro, assim você consegue espalhar a base até bem próximo dos olhos, se for preciso. Ah! *Duo fiber* com certeza!

Limpeza

Eu limpo os pincéis com um xampu neutro, desses vendidos no mercado. Lavo todos os dias e, se maquio várias pessoas ao longo do dia, higienizo entre uma cliente e outra com um desses limpadores de pincel de secagem rápida.

P.S.: Eu AMO pincéis *duo fiber* porque eles são feitos de uma mistura de fibras sintéticas e naturais, garantindo um acabamento perfeito para a maquiagem. Há vários tamanhos, que podem ser usados para fazer a pele, para aplicar corretivo e contornos. #Truelove

Primer, Base, Pó e Corretivo

Sobrancelhas

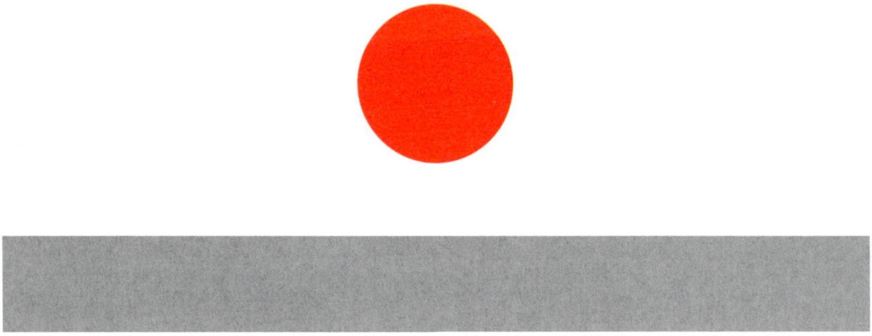

Alinhamento e modelagem

Para mim, as sobrancelhas são a característica mais importante do rosto. Pense na maquiagem japonesa do Kabuki, já que a única característica que os atores mudam para mostrar uma expressão diferente é a sobrancelha.

Seja a raiva ou a calma, todos os estados emocionais são transmitidos pelas sobrancelhas. Aquelas que se opõem à pinça devem pelo menos usar um pincel de sobrancelha para arrumá-las. Eu começo pinçando uma linha de pelos de cada vez, de baixo para cima, até atingir a forma que eu quero. Puxar a pele para a linha do cabelo foi a melhor maneira que encontrei de aliviar a dor. Minha dica mais preciosa é: na hora do design, procure um especialista!

1. **Arredondada:** Mais indicada para quem tem o rosto em formato triangular.

2. **Angulosa e arqueada:** Perfeita para rostos quadrados.

3. **Arqueada e arredondada:** Combina com rostos triangulares.

4. **Ligeiramente angulosa:** Valoriza quem tem o rosto redondo.

5. **Reta, mas curvada na ponta:** Também é perfeita para rostos quadrados.

6. **Angulosa:** Para quem tem rosto oval.

Descolorindo

Eu acho lindo e chiquérrimo sobrancelhas descoloridas! Misturo pó descolorante com água oxigenada de 40 volumes, aplico um creme hidratante em volta das sobrancelhas, aplico a mistura clareadora nas sobrancelhas e deixo agir por dez a quinze minutos. Retiro e aplico novamente se for necessário. Para mim, quanto mais clara, melhor!

Descubra como você gosta, passe corretivo com uma escovinha nas suas sobrancelhas, e se curtir, arrasa! Para voltar ao normal, basta pintar com a tinta da cor do seu cabelo.

SOMBRAS

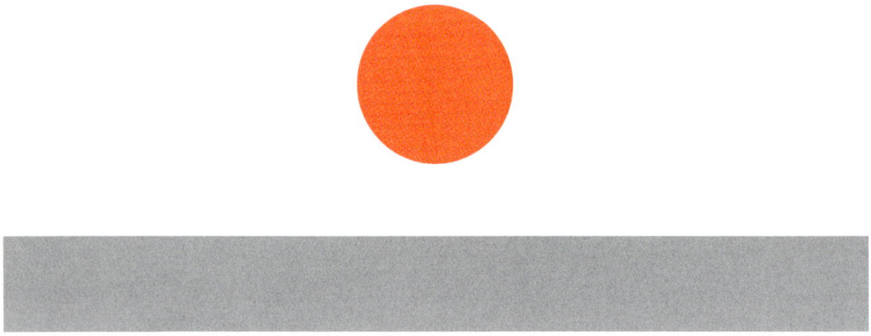

Partimos do seguinte ponto: sombras escuras diminuem e disfarçam, enquanto as sombras claras evidenciam e destacam.

Eu amo todas as cores e acho que tem ocasião para tudo. Se é para uma maquiagem básica, do dia a dia, prefiro tons neutros. Eu vou usar preto, marrom, marfim, terrosos e cinza. Sempre na pálpebra móvel e esfumando a partir do côncavo, sumindo antes de chegar às sobrancelhas.

Um truque que eu amo para deixar a maquiagem supernatural é deixar a pálpebra móvel sem correção, limpa com uma haste flexível umedecida no demaquilante. Daí você faz aquela pele incrível, se ilumina, usa muita máscara de cílios e na pálpebra aplica um gloss transparente com a ponta do dedo. Pode combinar com um bocão ou com um batom mais discreto.

À noite você pode se jogar! Metálicas, coloridas, glitters, vale tudo! Só não vale fazer a make da passarela e não segurar o carão!

Também acho que não existem regras para uma boa maquiagem, tudo pode desde que te valorize e exalte a sua beleza.

Cílios

T odo mundo ama um "cilião", porém, poucas pessoas são abençoadas com cílios longos e volumosos naturalmente. Mas graças à Nossa Senhora dos Supercílios, existem muitos meios para alcançar o visual desejado.

Curvex

Eu sei que parece um instrumento de tortura medieval, mas é fácil de usar (depois de um pouco de prática, claro!), e os resultados são surpreendentes. Curvar os cílios abre os olhos, fazendo-os parecerem maiores. Para muitas mulheres hispânicas e asiáticas, cujos cílios tendem a crescer para baixo, um modelador de cílios pode fazer uma diferença radical. Pego o modelador e coloco quase na base dos cílios. Daí vou dando apertadinhas enquanto "direciono" o curvex para as pontas dos cílios. Assim, você garante uma curva suave e natural.

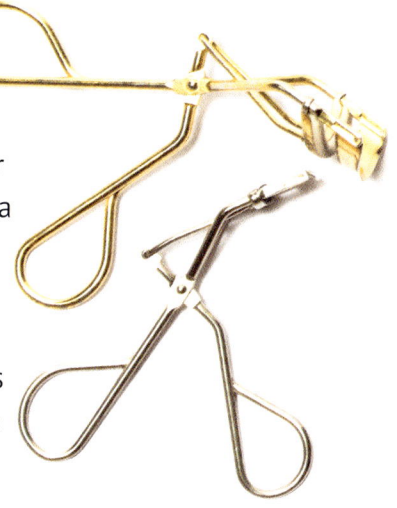

Máscara

Para mim não existem regras para aplicar a máscara de cílios, depende de cada pessoa. Uma coisa que costumo fazer primeiro é limpar o excesso de rímel da escovinha e da borda da embalagem com um lenço de papel, para não transferir grandes bolas de máscara para os cílios. Eu começo aplicando na raiz dos cílios, com uma leve tremidinha, e vou levando a escovinha até as pontas. Deixo secar um pouquinho e repito o processo quantas vezes eu achar necessário. O importante é manter os cílios alinhados, sem embolotar. Adoro máscara de cílios preta, porque faz com que os cílios apareçam mais. Pessoas de pele bem clara podem ter um resultado mais natural com máscara de cílios na cor marrom.

Cílios postiços

Gosto de cílios postiços que tenham o canto externo maior que o interno e com pequenos espaços na base, deixando o nylon aparente. Isso deixa-os mais naturais. Se tenho tempo sobrando, gosto de colocar os cílios de tufinho. É um método demorado, porém extremamente mais natural.

Quanto mais perto dos cílios reais você colar os postiços, mais natural ficará o resultado. Antes de colar, certifique-se que eles têm o mesmo tamanho dos seus olhos, mas caso sejam maiores, corte-os para que o encaixe seja perfeito. Depois disso é só passar máscara para unir os postiços aos seus.

Dica: corrija o final da linha dos cílios no canto interno com uma sombra marrom escura ou com um lápis. Isso harmoniza o desenho dos olhos.

Delineador

Cleópatra era destruidora mesmo! Leva-se anos para desenhar essa linha preta e fina com tanta precisão. Se você não tem prática, pode tentar fazer com sombra preta e um pincel chanfrado. No ruim de tudo, pode esfumar e virar um borradinho, que é tiro certeiro! Com um pouco mais de firmeza nas mãos, dá para usar um lápis preto e obter um resultado mais marcado.

Para quem arrasa no traço, eu indico o delineador em gel, mas, com certeza, se você arrasa assim, já tem o seu preferido.

Acho o método da fita crepe no cantinho superválido! O importante é que o traço favoreça e harmonize os seus olhos. Um traço malfeito vai deixar seu olho torto! Muito treino, mana!!

LÁBIOS

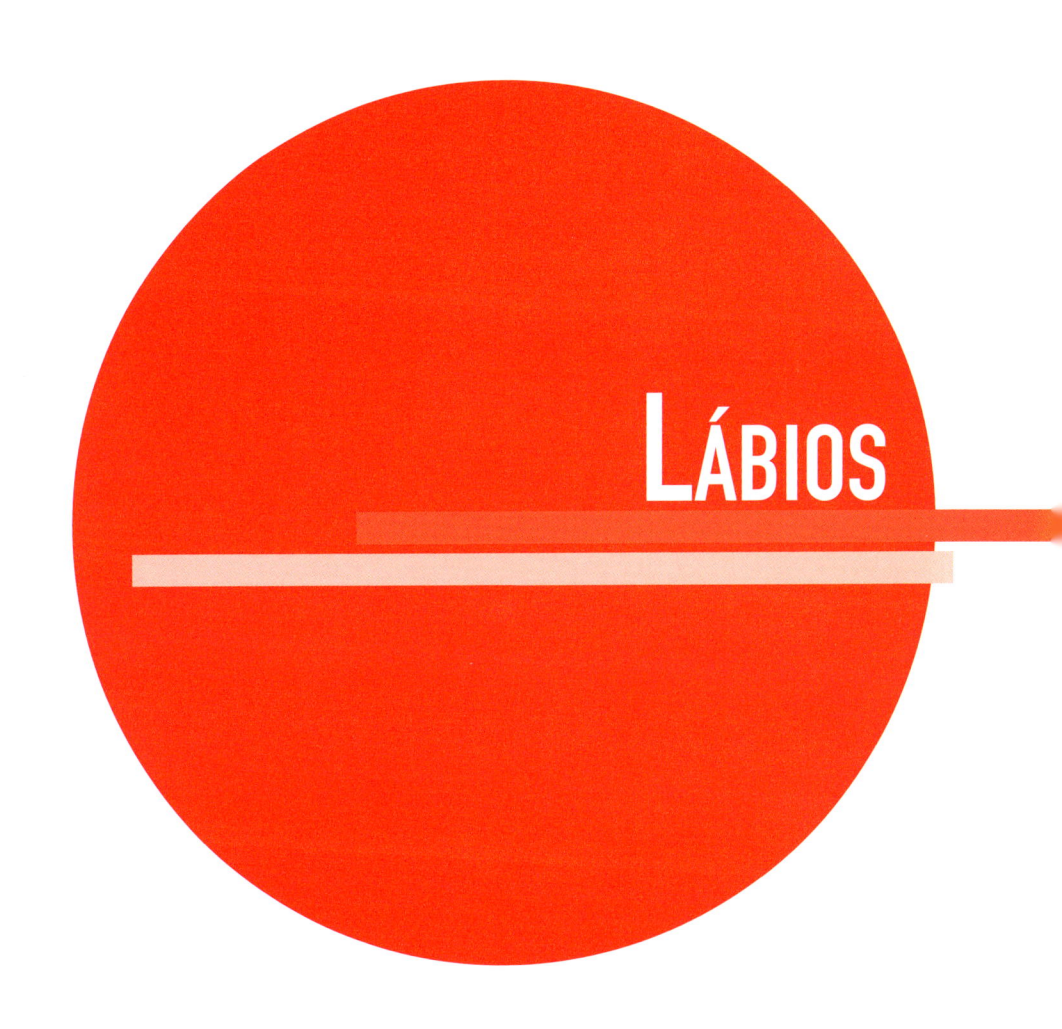

A
MO BATOM!
Antes de tudo, vamos esfoliar e hidratar os lábios. Existem vários esfoliantes no mercado. Mas se você não tiver, faça o seu!

Você vai usar a mesma proporção de manteiga de cacau e açúcar – uma colher (de chá) de cada já é suficiente. Nas farmácias, você encontra a manteiga de cacau. Se quiser, adicione uma gota de essência de baunilha.

Para fazer uma boca natural, podemos usar um lápis de boca na cor dos lábios, preencher toda a boca e criar um *dégradé* com uma cor mais escura nos cantos externos dos lábios que vai sumindo no meio. Isso cria um volume nos lábios, que pode aumentar mais ainda se você colocar um pouquinho de gloss no centro.

O batom de acabamento matte é ótimo para mulheres que têm pequenas linhas ao redor da boca, porque ele não vai sair do contorno. Outro truque para ressaltar o desenho dos lábios é corrigir o contorno dos lábios com corretivo.

Se você quer aumentar os lábios, tem um limite! O ideal, se a intenção é ser natural, é usar uma cor mais escura que a cor dos seus lábios, fazer um contorno preciso e um desenho não muito longe do original, preenchendo os lábios. Se eles forem muito finos, prefira cores claras e opacas.

E para o batom durar mais, aplique uma camada de pó sobre a primeira camada de batom, e em seguida repita a operação.

BLUSH

São duas as cores de blush que eu gosto de usar, rosado ou bronze. Eu costumo fazer a pessoa sorrir levemente, porque isso ajuda na aplicação. Começo aplicando o blush no alto das maçãs e em seguida espalho para cima, para baixo e para trás. Eu quase sempre aplico um toque nas têmporas e até aplico o blush ao longo da linha do cabelo. Isso cria um sombreado, fazendo com que a aparência seja mais realista e saudável. A quantidade de blush usada depende muito do gosto pessoal de cada um, mas o excesso de rubor deve ser evitado. Também amo usar blush em creme ou líquido. Eles deixam um aspecto úmido e brilhante e dão viço à pele.

1. **OVAL:** Comece pela maçã do rosto e leve até as têmporas. Serve para alongar o rosto ovalado.

Blush Oval

2. **REDONDO:** Para emagrecer um rosto redondo, aplique um blush no topo das maçãs do rosto.

Blush Redondo

3. **QUADRADO:** Para suavizar a linha do queixo, aplique o blush nas bochechas, com movimentos circulares.

4. **ESTREITO:** Para fazer um rosto estreito parecer mais largo, mantenha o blush na horizontal e misture bem.

Blush Quadrado

Blush Estreito

Contorno

O contorno é uma questão de dimensões. É sobre destacar e aprofundar certas áreas do rosto para dar mais "drama" ou mais definição ao rosto. O contorno deve ser leve e praticamente imperceptível. Procure sombrear o rosto com tons neutros, tipo marrom, pêssego e caramelo, cores que são encontradas naturalmente na pele. Quanto mais escura a cor utilizada, mais profundo será o contorno. A chave para o sucesso do contorno é que os diferentes tons devem ser muito bem misturados.

Você pode ser feliz com o seu formato de rosto e abrir mão das técnicas de contorno, mas se quiser tirar proveito desse truque, ficam aqui as minhas dicas nas imagens.

contorno escuro   *contorno claro*

Maquiagem natural x Maquiagem neutra

Existe uma grande distância entre uma maquiagem natural e uma maquiagem neutra. São detalhes que fazem toda a diferença no resultado.

Na minha concepção, a maquiagem natural é o resultado da harmonização de uma aparência leve, fresca e saudável, com a ajuda de pouca maquiagem. É possível usar pouca ou nenhuma base, especialmente no verão, quando a pele costuma ter mais cor por conta do bronzeado. Nos olhos podemos usar máscara preta, marrom ou incolor. Nas maçãs, um leve rubor, de preferência com aspecto úmido cremoso. Os lábios podem ser deixados sem cor. Nesse caso, eu uso um toque de protetor labial ou um batom semibrilhante e transparente para dar uma cor leve e frutada. O segredo para a maquiagem natural é parecer que há pouco ou nada de produto no rosto.

Por outro lado, uma maquiagem neutra pode ser muito elaborada e cheia de detalhes. A maquiagem neutra se encaixa perfeitamente na ocasião em que queremos parecer arrumadas, mas sem exageros.

A paleta de cores neutras inclui beges, castanhos, acinzentados, pêssegos, marrons e marfins. Cores encontradas nos tons da pele. É importante entender que o fato de as cores serem neutras não significa que elas não serão notadas.

O melhor jeito de usar essas cores é uma mistura bem-feita, e isso é fácil, porque os tons neutros se complementam. Sendo assim, você escolher um batom cor de chocolate não vai brigar com a sombra bege ou com o blush cor de damasco.

Passo a passo

É muito mais fácil mostrar uma técnica de maquiagem do que falar sobre ela. A seguir, temos uma aula bem simples, cujos princípios devem funcionar para todos os tipos de beleza. A partir dessas dicas, e com um pouco de prática, você pode criar o look que quiser. Solte a sua criatividade e arrase!

1. Com a pele limpa, aplique um primer de sua preferência por todo o rosto e pescoço. Para garantir uma aplicação perfeita do batom, aplique o hidratante nos lábios e deixe agindo. No caso de olheiras, bolsas inchadas ou linhas de expressão, aplique um creme específico na área ao redor dos olhos.

2. Em seguida, curve os cílios e aplique uma camada leve de máscara para começar. Com a ponta do dedo indicador, aplique um pouco de corretivo na pálpebra móvel e esfume com um pincel a partir do côncavo, e sumindo antes de chegar à base das sobrancelhas. Sobre esse corretivo, aplique a sombra de sua preferência esfumando novamente.

3. É hora de aplicar a máscara. Retire o excesso de produto da escovinha aplicadora para evitar o acúmulo de produto nos fios. Aplique da raiz até as pontas, de baixo

para cima e de cima para baixo, repetindo quantas vezes você achar necessário. Aplique a máscara também nos cílios inferiores. Não se esqueça de retirar o excesso de produto do aplicador durante a aplicação também, para evitar borrões. Se quiser aumentar os olhos, passe um lápis bege na linha d'água.

4. Agora aplique o corretivo de sua preferência na área abaixo dos olhos e espalhe em direção às têmporas, maçãs e lateral do nariz. Com um pincel, fazendo movimentos circulares, aplique a base por todo o rosto e pescoço. Em seguida, com o mesmo pincel, faça os contornos usando um corretivo um ou dois tons mais escuros que a sua pele. Marque levemente a base das maçãs, as laterais do nariz, a raiz dos cabelos, o contorno do maxilar e abaixo do queixo. Agora com um pincel menor, aplique um corretivo bem mais claro no centro do nariz, nos cantos externos dos olhos, abaixo da linha das maçãs, no meio do queixo e no espaço entre o nariz e o lábio superior. Nos mesmos lugares onde você aplicou o corretivo mais claro, você vai aplicar o iluminador. Lembre-se de que essas marcações devem ser feitas com muita sutileza. Caso você sinta necessidade, pode selar a pele com um pó solto, leve e translúcido.

5. Com uma haste flexível umedecida em um demaquilante, limpe as sobrancelhas para retirar algum resquício de base ou pó. Escove-as para alinhar os fios e em seguida corrija com uma sombra marrom ou com um lápis para harmonizar a forma e eliminar falhas.

6. Hora do blush! Escolha uma cor que dê um ar natural; pode ter brilho e, se for cremoso, a naturalidade é garantida. Pegue o produto com um pincel e, antes de aplicar no rosto, esfregue o pincel no dorso da mão para entranhar o produto no pincel e evitar manchas. Comece dando leves batidinhas no alto das maçãs e depois espalhe levemente em direção à têmporas.

7. Limpe o hidratante dos lábios, seque-os e, com um lápis, contorne-os e preencha o espaço dentro do contorno. A cor fica a seu critério. Em cima desse contorno você vai aplicar o batom. Se for aumentar os lábios, cuidado para não exagerar e acabar desarmonizando o rosto.

Quatro combinações básicas

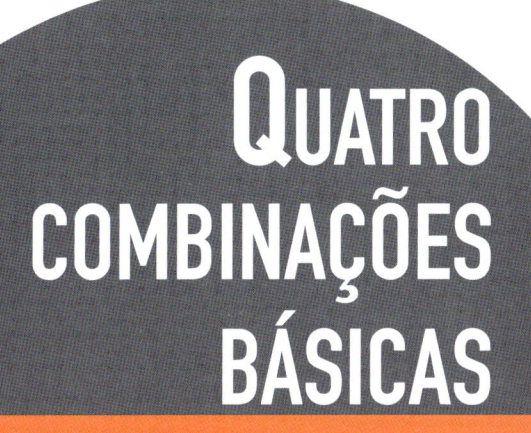

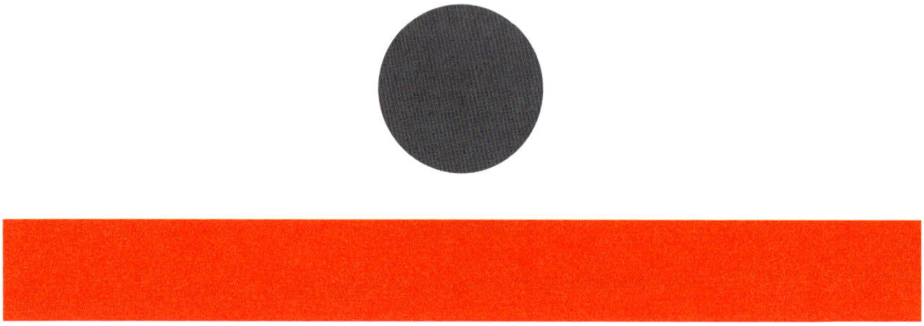

Eu chamei a Sheila por vários motivos. Ela tem o rosto marcante, com traços fortes e olhos claros. Minha ideia é te inspirar de forma que você crie as suas próprias combinações de cores e looks!

Vamos ver que, com pequenas mudanças na maquiagem e o penteado certo, podemos ter quatro versões diferentes na mesma mulher. Tenho certeza de que esses looks vão ajudar você a se decidir rapidamente.

*Olho claro, Boca clara

Esta é uma versão natural, tipo "sem maquiagem" que se tornou muito popular no final dos anos 1980 e começo dos anos 1990. Alguns sugerem que o visual "The Waif" (sabe Game of Thrones? É o melhor jeito de explicar) é o pioneiro na tendência da maquiagem natural. Esse é o tipo de maquiagem que as mulheres vão usar para sempre. A ideia aqui é não exagerar e sempre conseguir ver a pele através da maquiagem, deixando um frescor natural.

*Olho claro, Boca escura

Olhos leves, quase sem cor, AMAM uma boca vermelha matte! Uma combinação que pode funcionar tanto durante o dia quanto à noite. Deixei a maquiagem bem parecida com o que era na aparência natural, trocando apenas o batom. Você pode também aplicar máscara nos cílios inferiores, se preferir.

*Olho escuro, Boca clara

Estilo Kim Kardashian nível 1.000!
Aqui eu mantive os olhos esfumados exatamente como estavam. Tirei a boca escura e apliquei um batom bege e um batom rosinha, com leve brilho.

*Olho escuro, Boca escura

Dramaaaa! Eu escureci mais os lábios com um batom matte em tom de vinho bem escuro. Escureci também a pálpebra móvel com preto saindo da raiz dos cílios, marrom esfumado no côncavo e esfumei também embaixo dos cílios inferiores para deixar mais dramático. Lápis preto na linha d'água e muita máscara nos cílios superiores para completar o look.

Tipos de rosto

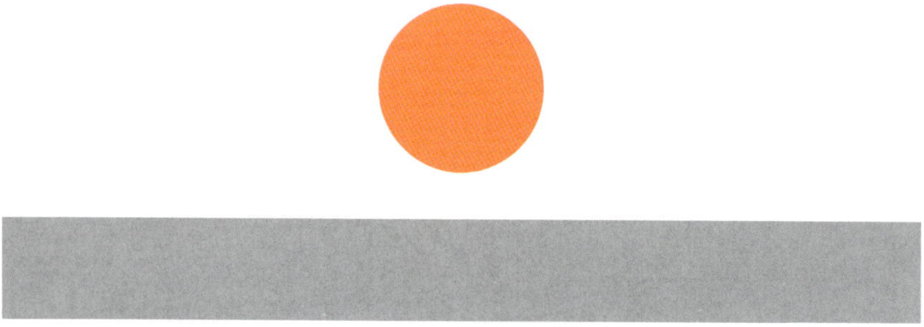

Para descobrir qual é o formato do seu rosto, você deve prender o cabelo e tirar uma foto somente do rosto. Depois de ter essa foto, deve olhar para a imagem e imaginar (ou, se preferir, traçar ou desenhar) uma linha vertical que divide o rosto ao meio, que será a linha do comprimento do rosto. Depois imagine uma linha que corta o rosto ao meio horizontalmente, que será sua largura.

Essas linhas são muito importantes, pois elas vão ajudar você a determinar o seu tipo de rosto, para que possa analisar o comprimento e características de cada um dos lados da face.

Redondo, oval, quadrado, coração, oblongo e diamante são os principais tipos de rosto que existem para caracterizar as diferentes formas, e cada um deles apresenta um formato próprio e características específicas.

Tipos de Rostos (linhas)

1. Rosto Redondo

As linhas do comprimento e da largura do rosto têm as mesmas dimensões, ou seja, o mesmo tamanho. Além disso, esse tipo de rosto não tem linhas retas, sendo os seus ângulos pouco definidos e muito arredondados.

Muitas vezes esse tipo de rosto é confundido com o tipo oval, porém a grande diferença é que a testa é pequena e a distância entre a parte de baixo do nariz e o queixo é menor que o comprimento de todo o nariz.

Óculos mais indicados:

Quando é preciso escolher óculos de sol ou de grau para esse tipo de rosto, deve-se evitar óculos com linhas arredondadas que acentuam ainda mais as linhas redondas. O ideal é optar por óculos com linhas retas, sendo os modelos retangulares e quadrados os mais indicados.

2. Rosto Quadrado

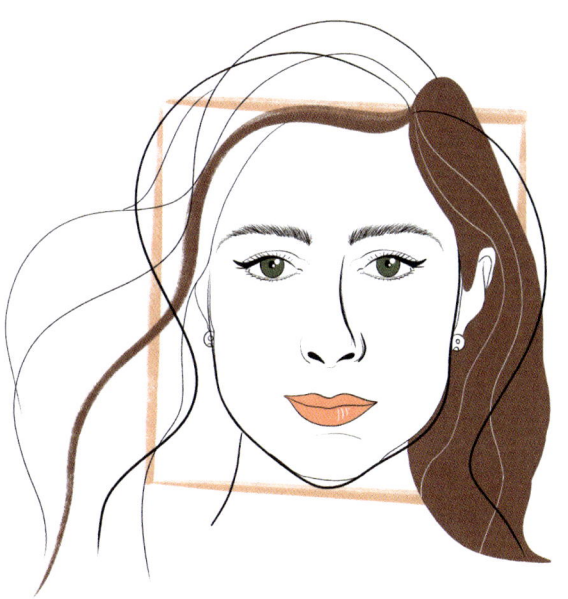

No tipo de rosto quadrado, as linhas do comprimento e da largura do rosto têm também as mesmas dimensões, tal como acontece no rosto redondo, com a diferença que as linhas do rosto são retas e intensas. Esse tipo de rosto tem as linhas da testa, da lateral, do queixo e da mandíbula retas, tendo na sua maioria ângulos retos. Muitas vezes o rosto quadrado pode ser facilmente identificado analisando a metade de baixo da linha da largura do rosto, que é traçada na horizontal.

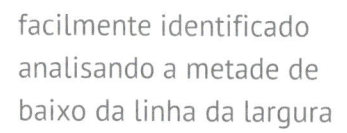

Óculos mais indicados:

Para escolher óculos escuros ou de grau, recomendo que você opte por óculos em formato de aviador ou gatinho, pois são formatos que suavizam as linhas retas características desse tipo de rosto.

3. ROSTO OVAL

No rosto oval, o que acontece é que a linha do comprimento é aproximadamente um terço maior que a linha da largura, sendo esse um tipo de rosto ligeiramente alongado quando comparado com os anteriores.

Rosto Oval

Esse tipo de rosto é suave e delicado e não possui nenhum ângulo que se destaque.

Óculos mais indicados:

Se você tem esse tipo de rosto e pretende escolher óculos de sol ou grau, terá uma tarefa fácil, pois os modelos arredondados ficam tão bem quanto os retos. A regra mais importante para esse tipo de rosto é acertar no tamanho dos óculos, que não devem ser nem muito grandes e nem muito pequenos.

4. ROSTO CORAÇÃO

No rosto coração, a linha do comprimento é maior que a linha da largura, sendo o queixo pontiagudo e o ponto mais fino do rosto. Nesse tipo de rosto, a região da testa e das maçãs do rosto é larga, sendo a largura de ambas semelhante, e as linhas da mandíbula são longas e retas, afinando até chegar ao queixo. Muitas vezes esse tipo de rosto é associado a um triângulo invertido, onde o queixo é a ponta do triângulo.

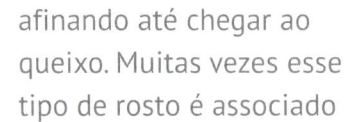

Óculos mais indicados:

Quando é preciso escolher óculos de grau ou escuros para esse tipo de rosto, recomendo óculos redondos ou com laterais arredondadas, sendo o modelo de aviador o mais seguro.

5. ROSTO OBLONGO

No rosto de tipo oblongo, também conhecido como retangular, a linha do comprimento é quase o dobro da linha da largura, e todo o rosto lembra um retângulo na vertical. Nesse tipo de rosto, as linhas laterais são retas e bem definidas, assim como as linhas da mandíbula,

Rosto Retangular Oblongo

tal como acontece no rosto quadrado. A grande diferença é que a mandíbula apresenta uma ligeira curvatura, o que a torna menos acentuada e menos quadrada. Outra característica importante é que a testa tende a ter a mesma largura que a mandíbula, o que confere um aspecto retangular a esse tipo de rosto.

Óculos mais indicados:

Tal como acontece com o rosto quadrado, se você pretende escolher óculos escuros ou de grau, deve optar por óculos de aviador ou gatinho, pois são formatos que ajudam a suavizar as linhas retas naturais características desse tipo de rosto.

6. ROSTO DIAMANTE

No rosto em forma de diamante, a linha do comprimento é maior que a linha da largura, e tal como acontece no rosto em forma de coração, o queixo está destacado, tendo um aspecto pontiagudo. A grande diferença nesse tipo de rosto é que a região mais larga é a das maçãs do rosto, sendo a testa e a linha do cabelo mais estreitas (contrariamente ao que acontece no rosto em forma de coração), com um queixo afinado e pontiagudo. Além disso, as linhas da mandíbula são longas e retas, afinando ligeiramente até chegar ao queixo.

Rosto Diamante

Óculos mais indicados:

Para escolher óculos que combinem com esse tipo de rosto, recomendo que você opte por óculos redondos, com laterais arredondadas ou com a parte de baixo ovalada.

MAKEOVERS

Joara Santos

Mulher negra, 63 anos e bastante comunicativa, Joara veio de uma geração que sentia que precisava ser muito discreta com sua aparência para que fosse respeitada pelos homens. Trabalhou em uma multinacional, nunca teve costume de se maquiar e mantinha os cabelos presos. Se libertou quando se desligou da empresa, porém continuou sem muitas vaidades. Divorciada, batalhou muito para criar suas filhas, com quem aprende muito todos os dias. Atualmente usa os cabelos grisalhos e não tem a mínima noção da beleza que tem.

Criei um look clássico, fácil de fazer e que pode ser usado em qualquer ocasião.

Usei uma base com acabamento iluminado para deixar a pele bem leve e com viço.

Nas pálpebras, apliquei uma sombra de cor marrom opaca e esfumei a partir do côncavo. Apliquei máscara nos cílios superiores e coloquei cílios postiços para alongar e dar volume. Nas sobrancelhas, mantive os fios brancos e penteei com máscara incolor. O blush terracota foi aplicado no centro das maçãs para dar um ar de saúde. Para finalizar, um batom vermelho matte. "Se fui pobre, eu nem lembro!"

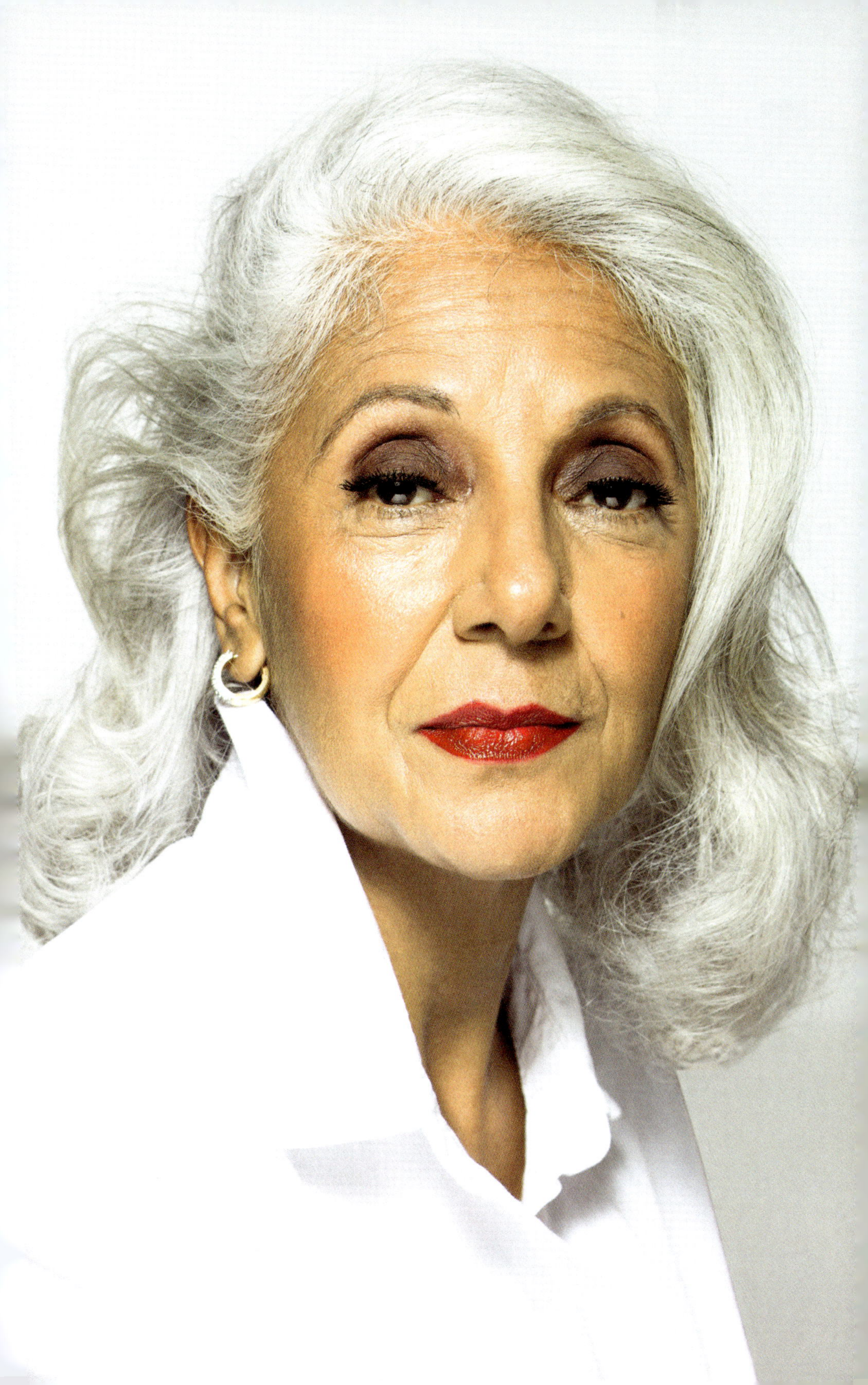

Marina Felício

Marina é do Acre, mas mudou-se para Brasília muito jovem por conta do trabalho do padrasto. O estresse emocional da mudança e o clima ajudaram na formação das espinhas. Sofreu muito *bullying* no colégio e fez mais de uma dezena de procedimentos ao longo da vida, na esperança de acabar com as marcas. Hoje, Marina sabe que a maquiagem é sua maior aliada na hora de disfarçar as marcas de acne, que, mesmo leves, insistem em permanecer.

Para disfarçar as ondulações, usei uma base com acabamento matte que ajuda a uniformizar a pele, criando um iluminado apenas com corretivo mais claro. Esfumei uma sombra de cor cáqui na pálpebra móvel, embaixo dos cílios inferiores e puxei o esfumado para fora do canto externo dos olhos. As sobrancelhas foram levemente corrigidas com sombra marrom. Curvex e máscara foram aplicados nos cílios inferiores e superiores para criar mais volume. O blush é cremoso e rosado, aplicado levemente a partir das maçãs na direção das têmporas. O batom é bege com acabamento matte. Look chique para todos os dias.

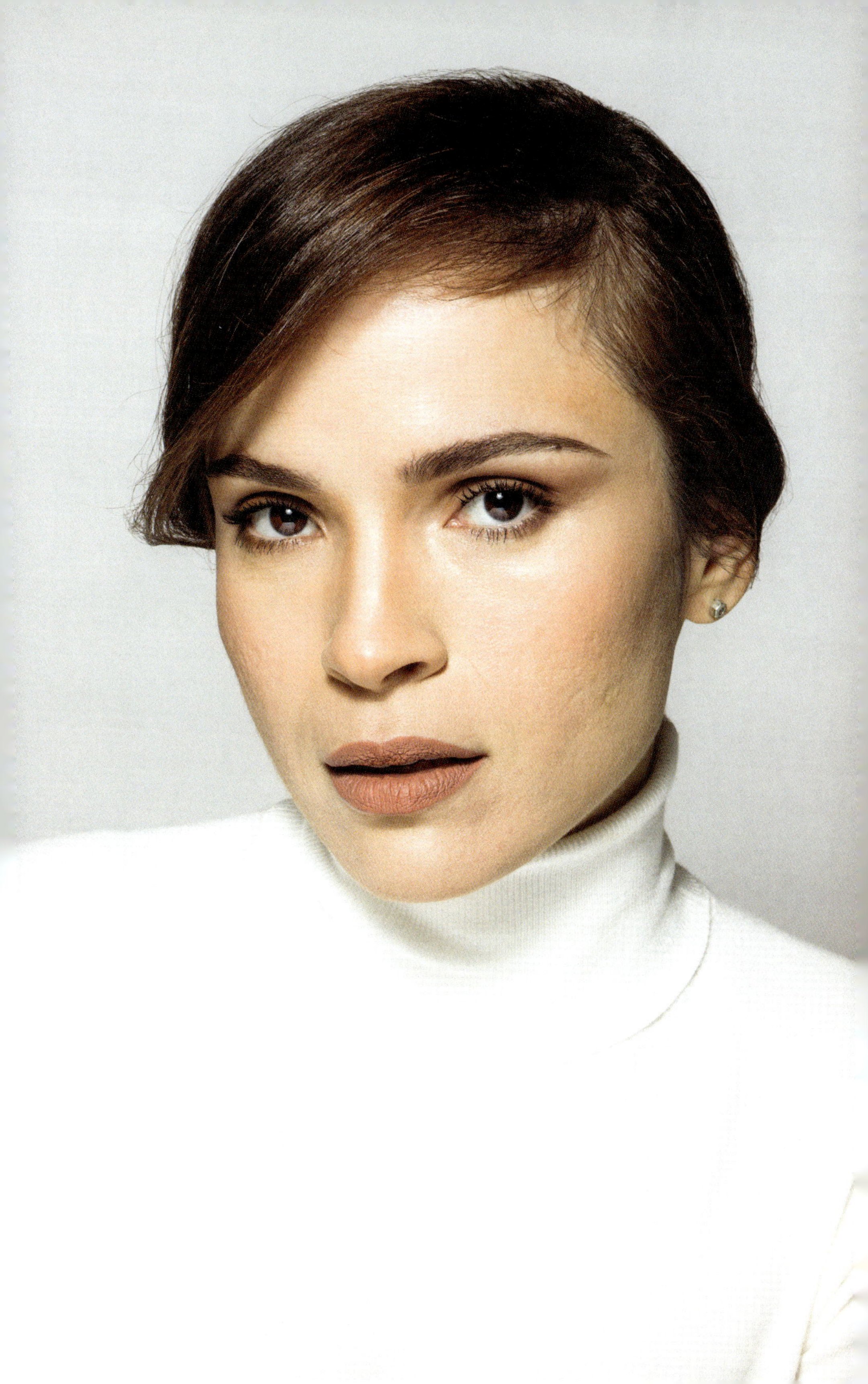

Regina Célia

Regina tem 52 anos e tem uma empresa de assessoria e marketing, que administra com o marido e os filhos. Ama e usa maquiagem sempre. Mulher mística, ligada nas forças da natureza, emana força e uma energia contagiantes.

Seu segredo de beleza é usar óleo de açaí e copaíba, vindos direto da Amazônia, para clarear as manchas da pele e revigorar o viço.

Para cobrir as manchas, usei uma base de alta cobertura com efeito HD, aplicada com pincel *duo fiber* e usei iluminador cremoso para deixar a pele com aspecto natural. Nos olhos, um leve esfumado feito com lápis e uma sombra grafite, arrematado com muita máscara nos cílios superiores e inferiores. Sobrancelhas penteadas com máscara incolor e corrigidas com sombra marrom. O blush é pêssego e levíssimo. Um batom alaranjado de acabamento cremoso finaliza o look que vale pra qualquer hora do dia! Lindíssima!

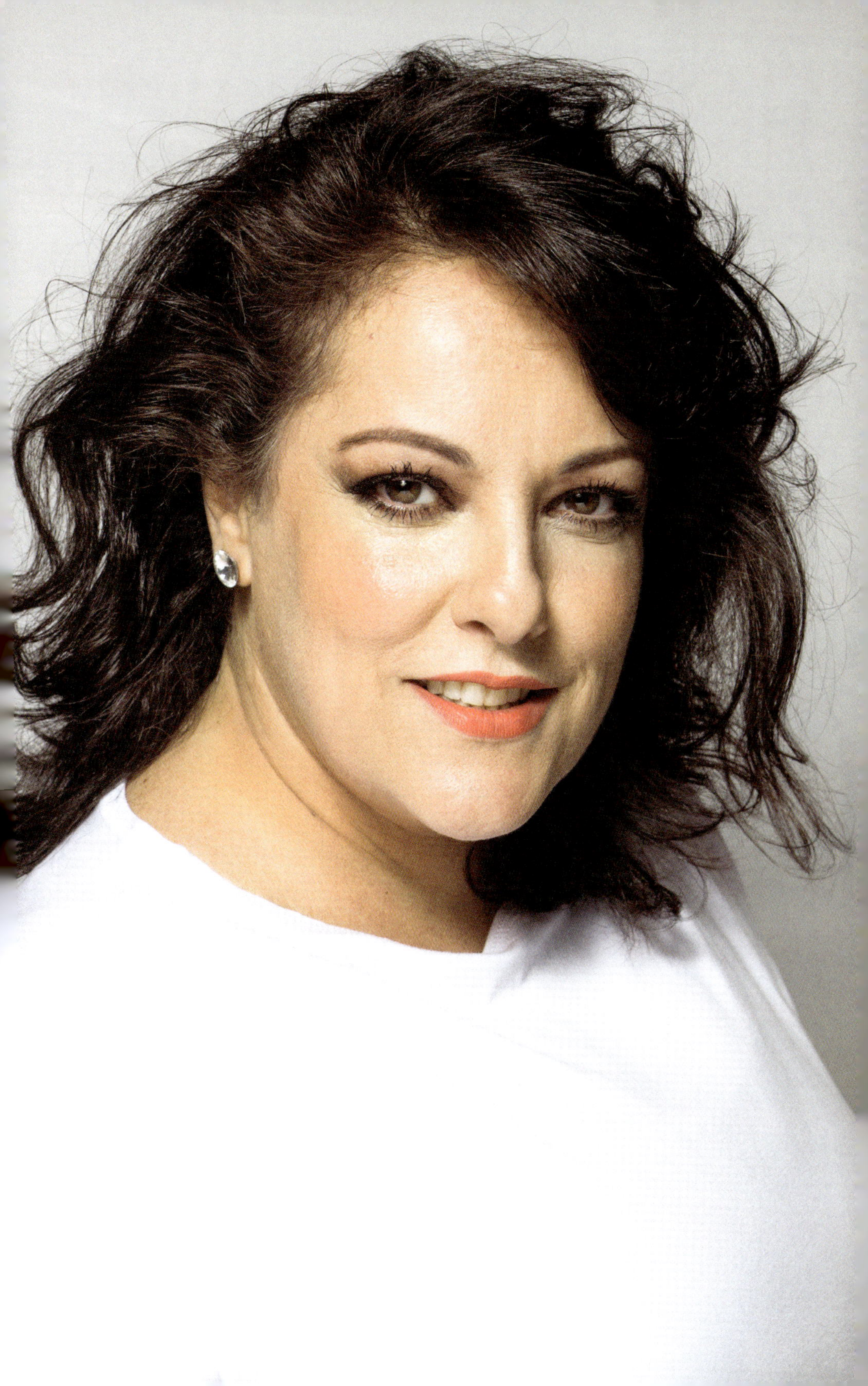

Ana Zambon

Ah, Ana! São 45 anos de muita atitude e uma luz que toma conta de onde quer que ela esteja! Tem uma autoestima latente, associada à simpatia, que a tornam uma mulher encantadora. Assumidamente vaidosa, se cuida com esmero e sai sempre maquiada. Adora um batom vermelho. É empresária e administra uma agência de comunicação. Trabalhou como produtora durante muitos anos, o que a fez estar rodeada por maquiadores ao longo da vida. Fato que a ajudou a aprender bastante como cuidar de sua beleza. Investe nos melhores produtos e não se expõe ao sol, protegendo a sua pele.

Pele com efeito leve e supernatural, resultado de uma boa base *cushion* (que é uma mistura de BB cream com pó compacto numa embalagem de "almofada") e um iluminador cremoso. Os detalhes ficam por conta dos contornos, também leves e quase imperceptíveis. Nas pálpebras limpas e sem correção, apliquei um gloss transparente e máscara nos cílios superiores e inferiores. Sobrancelhas penteadas com máscara incolor. O blush é alaranjado e cintilante, aplicado no centro das maçãs e no alto do nariz, quase um bronze. Na boca um balm levemente avermelhado. Look pra qualquer hora e qualquer ocasião!

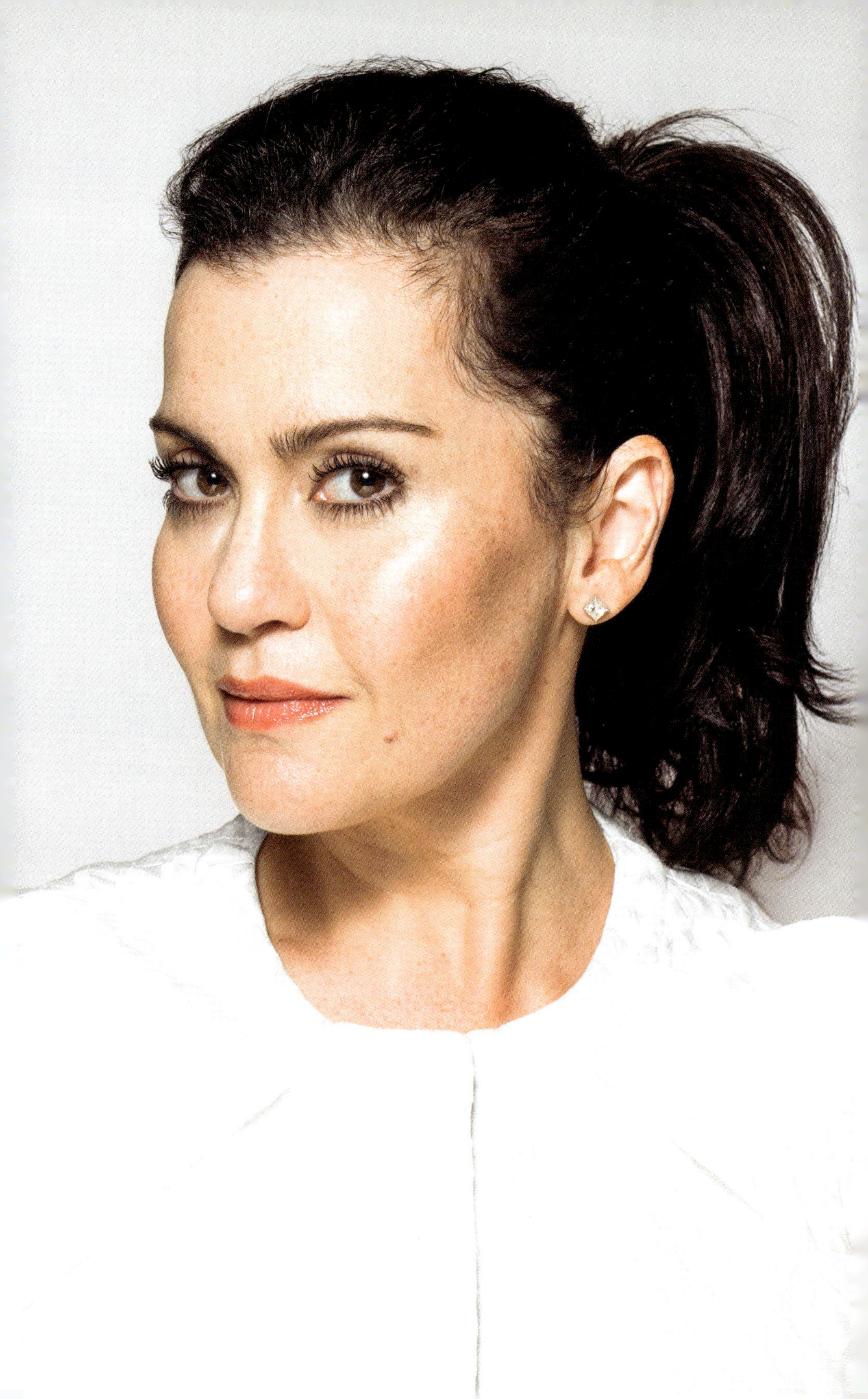

Felipe, nome artístico Halessia

Felipe é a encarnação da frase "Seja o que você quiser ser". Usa o seu corpo para dar vida à Halessia, diva da arte Drag Queen. É muito crítico com ele mesmo e confessa que fez algumas mudanças por causa da sua personagem, como micropigmentação nas sobrancelhas, preenchimento labial e uma leve mexida no nariz, mas não se arrepende de nada. Tanto o criador quanto a criatura são um show de beleza por onde quer que passem.

Pele com acabamento matte e iluminada com bastão de óleo pra dar um brilho molhado e jovial. A sombra azul turquesa cobre toda a pálpebra e desce por baixo dos cílios inferiores, criando um esfumado mais reto e menos ascendente. O gloss dourado foi aplicado na pálpebra móvel e no canto interno. Tem muita máscara em cima e embaixo com cílios postiços pra dar volume e alongar. As sobrancelhas foram apagadas com cola e corretivo. Usei um blush cremoso na cor pêssego e gloss transparente nos lábios para dar mais volume. Poder define!

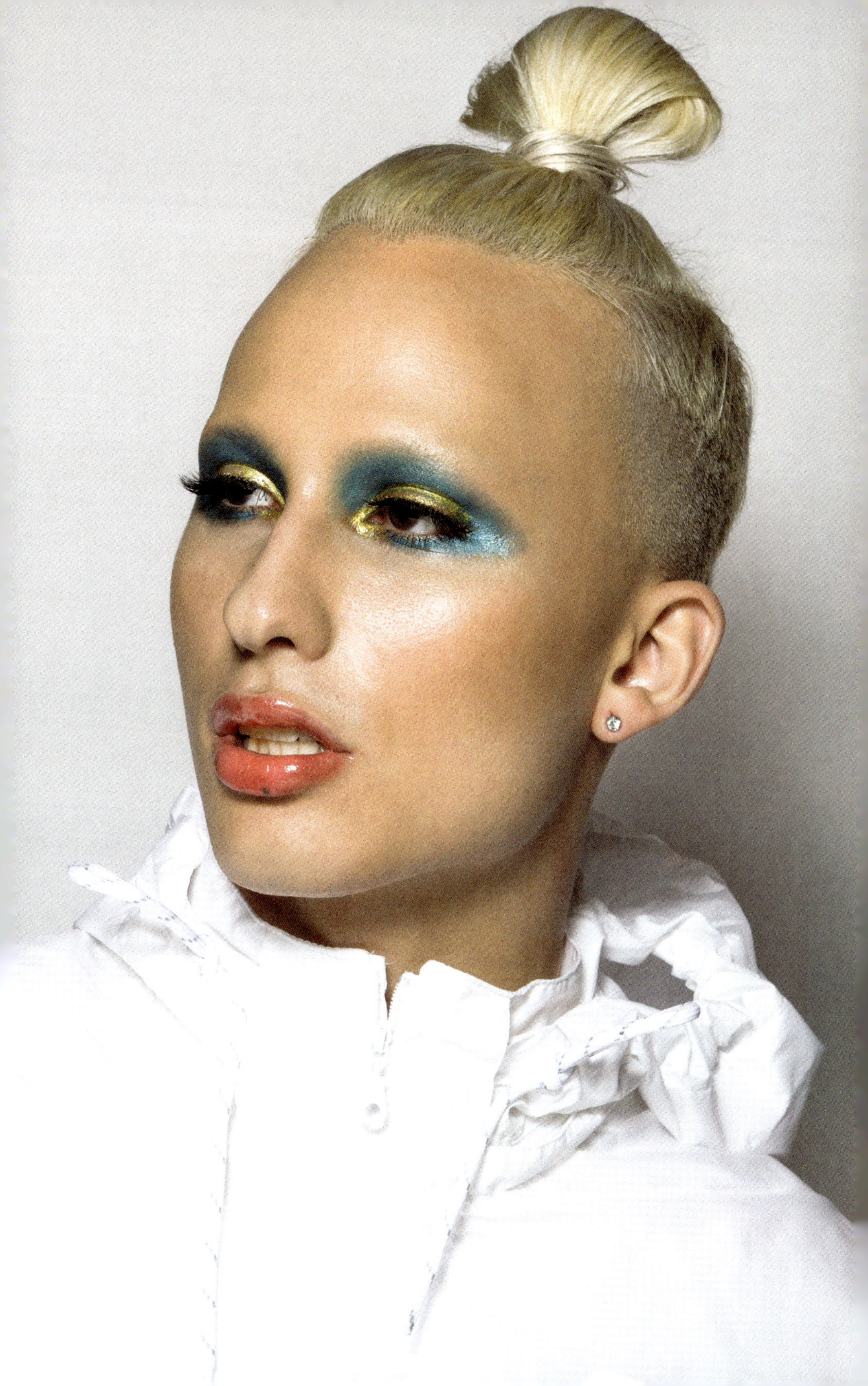

Rani Teraoka

Rani é dessas que AMAM espremer cravos e espinhas, ao ponto de ficar até roxa! Usa maquiagem todos os dias, mas prefere as maquiagens mais básicas, sem muitas cores e com acabamentos mais naturais. Acredita que a atitude é a base da beleza.

A base que usei tem acabamento acetinado, e o iluminado é cremoso e cintilante. Nos olhos, optei por uma mistura de sombra preta e marrom, esfumadas na direção das têmporas para levantar o olhar. As pálpebras estão mais claras no centro, com destaque para os cantos internos e externos, inclusive o canto externo inferior. Curvex e muita máscara nos cílios superiores e pouca máscara nos cílios inferiores. O blush é cremoso na cor de caramelo, aplicado no alto das maçãs, em direção às têmporas. Um batom cremoso cor de boca fecha o look de bonequinha de luxo.

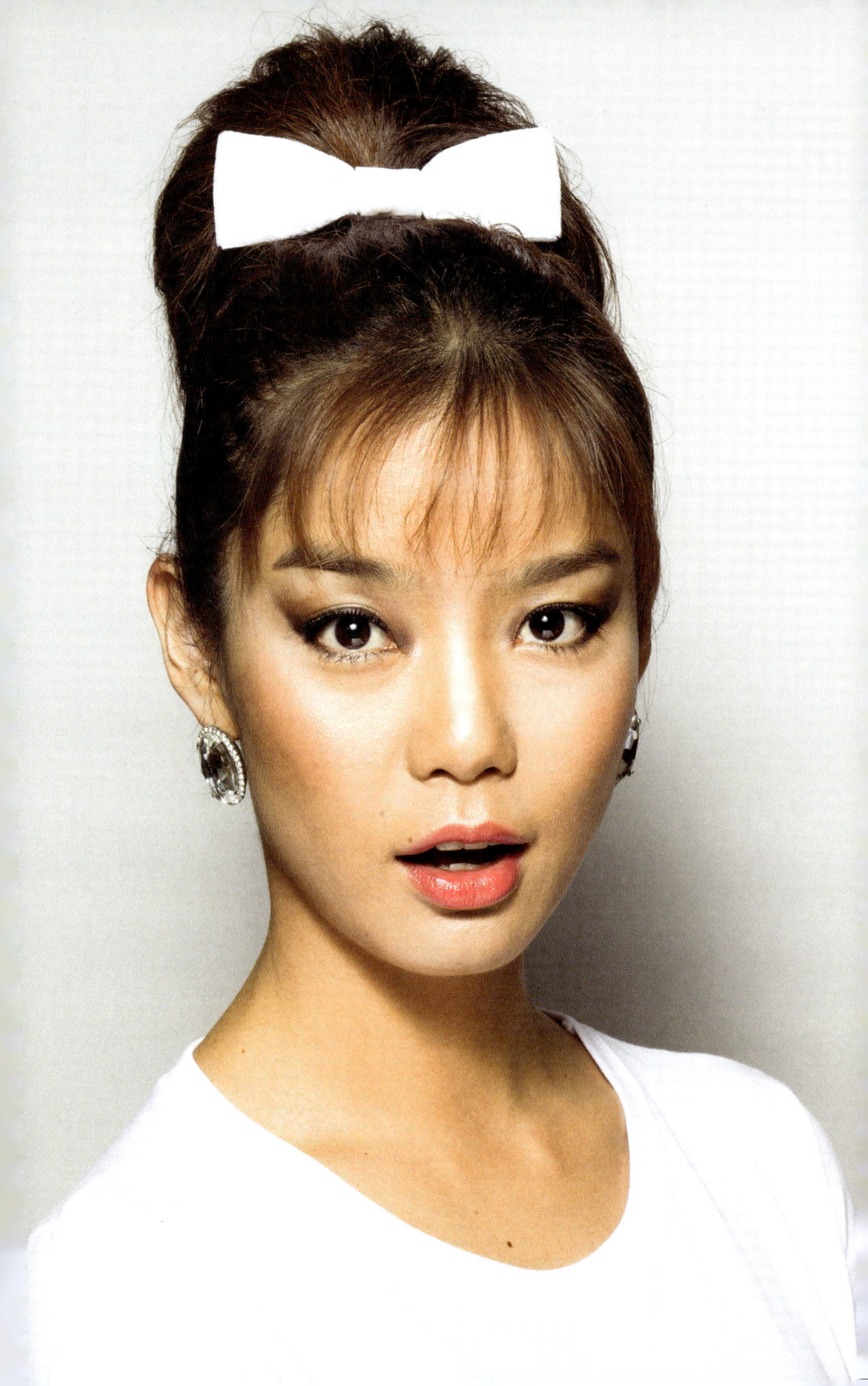

Flávia Ribeiro

Flávia começou a conviver com vitiligo aos 9 anos de idade. Primeiro foram as mãos, daí foi aumentando até atingir 90% do corpo. Fez vários tratamentos que não deram em nada. Aos 15 anos pediu para parar com o tratamento e resolveu se aceitar exatamente como é. No seu dia a dia, ela usa maquiagem para se enfeitar e não para cobrir suas manchas.

Não queria cobrir as manchas, então não fiz pele. Apenas passei um primer matificante e corrigi as olheiras. Nos olhos, apliquei uma sombra cobre bem leve, colei cílios postiços e passei máscara em cima e embaixo para dar mais volume. As sobrancelhas foram corrigidas com sombra e penteadas com máscara incolor. Um blush de efeito bronzeado misturado com dourado para dar volume nas maçãs. Na boca, fiz um mix de batom cor de telha, um pouco de corretivo claro no centro e gloss transparente por cima, criando volume nos lábios. Naturalíssima!

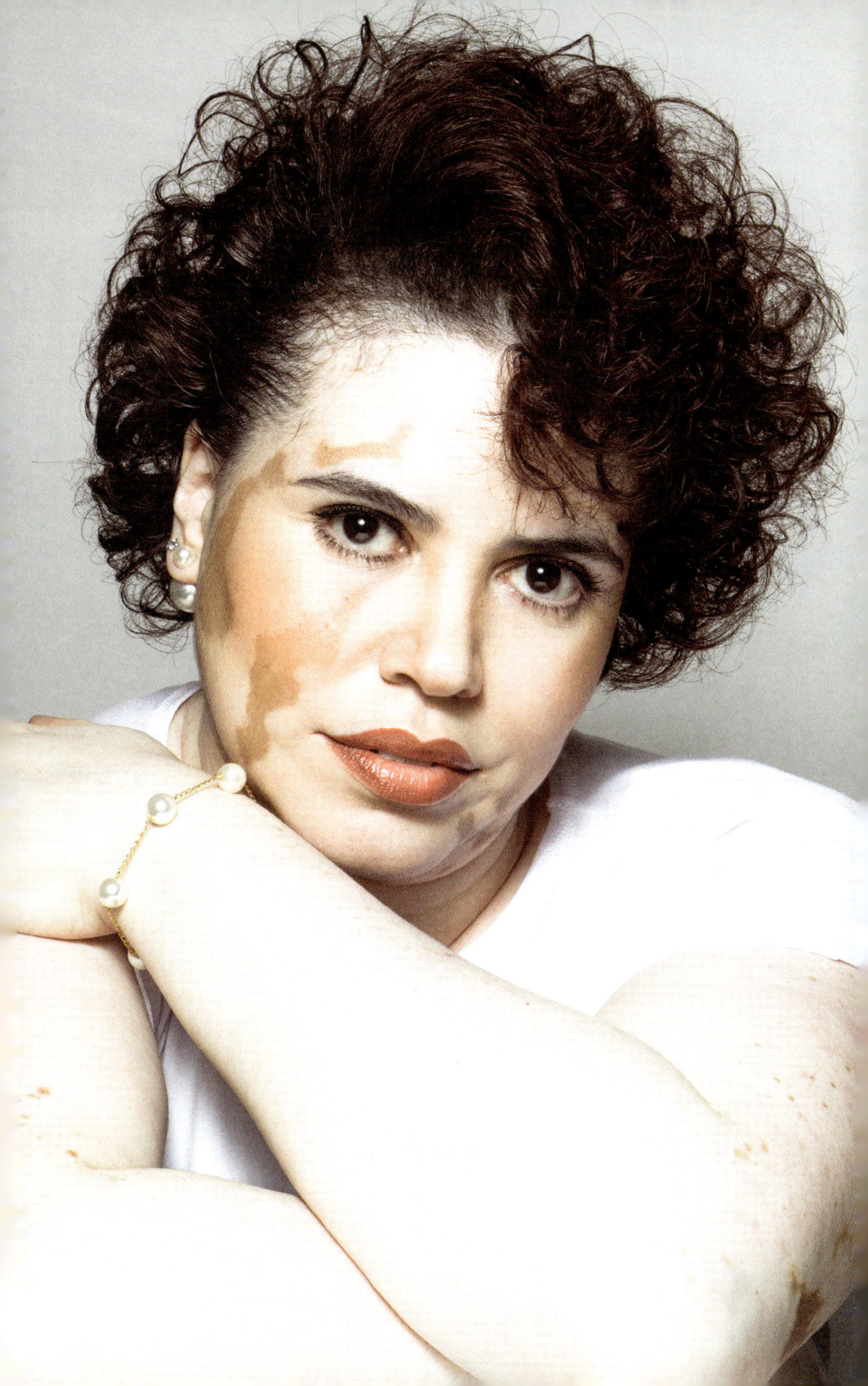

Tecka Matoso

Tecka é contadora de histórias e não tem vaidades, não usa maquiagem e nem tinge o cabelo porque isso a faz parecer muito mais nova e a incomoda. É muito orgulhosa dos anos que viveu e dos ensinamentos que aprendeu em cada um deles. Tem uma energia contagiante e sede de aprendizado e, guiada por isso, fez todas as vertentes do teatro. Aí que entra a maquiagem, com a função de ajudar na criação dos seus personagens. O que mais gosta em si mesma é o brilho nos olhos quando está feliz.

Para essa pele com marcas de expressão, escolhi um *foundation* à base de água para cobrir imperfeições e deixar a pele com um aspecto natural. Nada nos olhos além de muita máscara nos cílios superiores. Limpei, aparei e escureci as sobrancelhas pra trazer uma harmonia para os olhos. O blush é opaco e levemente terroso, aplicado no centro das maçãs. Para os lábios finos, escolhi um batom matte e quase invisível. Nesse caso, toda a mudança ficou por conta do corte de cabelo, um clássico long bob com a base reta. Um visual prático e elegante.

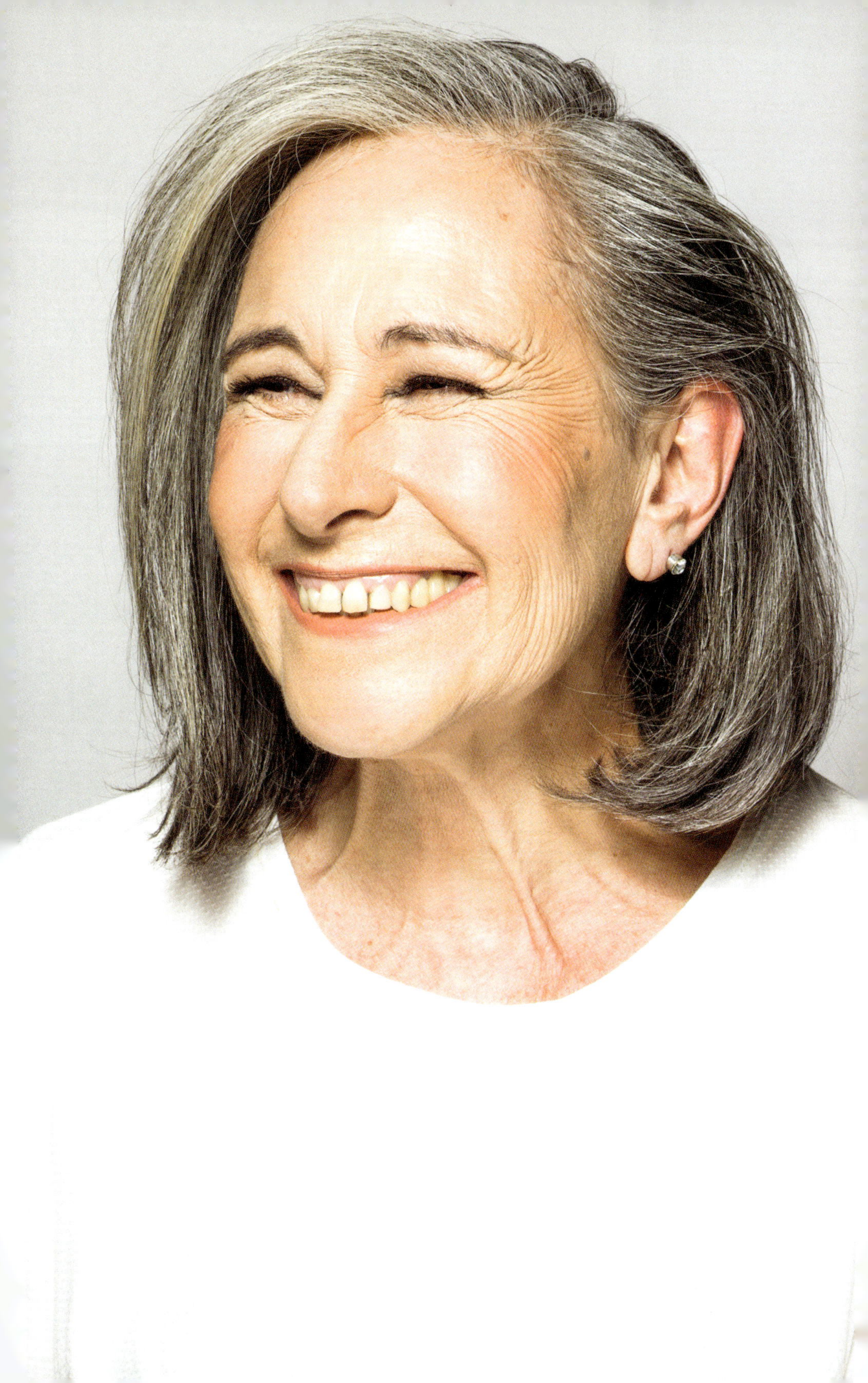

Bruna Alves

Bem básica quando o assunto é maquiagem, Bruna ri ao lembrar que usava os olhos pretos na adolescência, porque se achava punk. Formada em moda, já foi modelo, trabalha com marketing, mas quer ser fotógrafa. Quase não usa make no dia a dia, apenas quando vai a festas. Se ela não dormir bem ou estiver triste, já não se sente tão bonita. Ama seus olhos por serem diferentes, e é muito feliz por ter o sorriso de sua mãe, que sempre achou lindo.

Escolhi uma base com acabamento bem brilhante para combinar com o iluminador cremoso. Nos olhos, a sombra verde metálica foi aplicada em toda a pálpebra móvel e embaixo dos cílios inferiores bem marcada, sem esfumar e com forma "esgatiada", de gatinho, tipo anos 1980. Lápis preto na linha d'água e muita máscara em cima e embaixo. Sobrancelhas sem correção, apenas penteadas com máscara incolor. O blush é rosado com brilho dourado aplicado no alto das maçãs. Nos lábios, gloss transparente. É festa, bb!

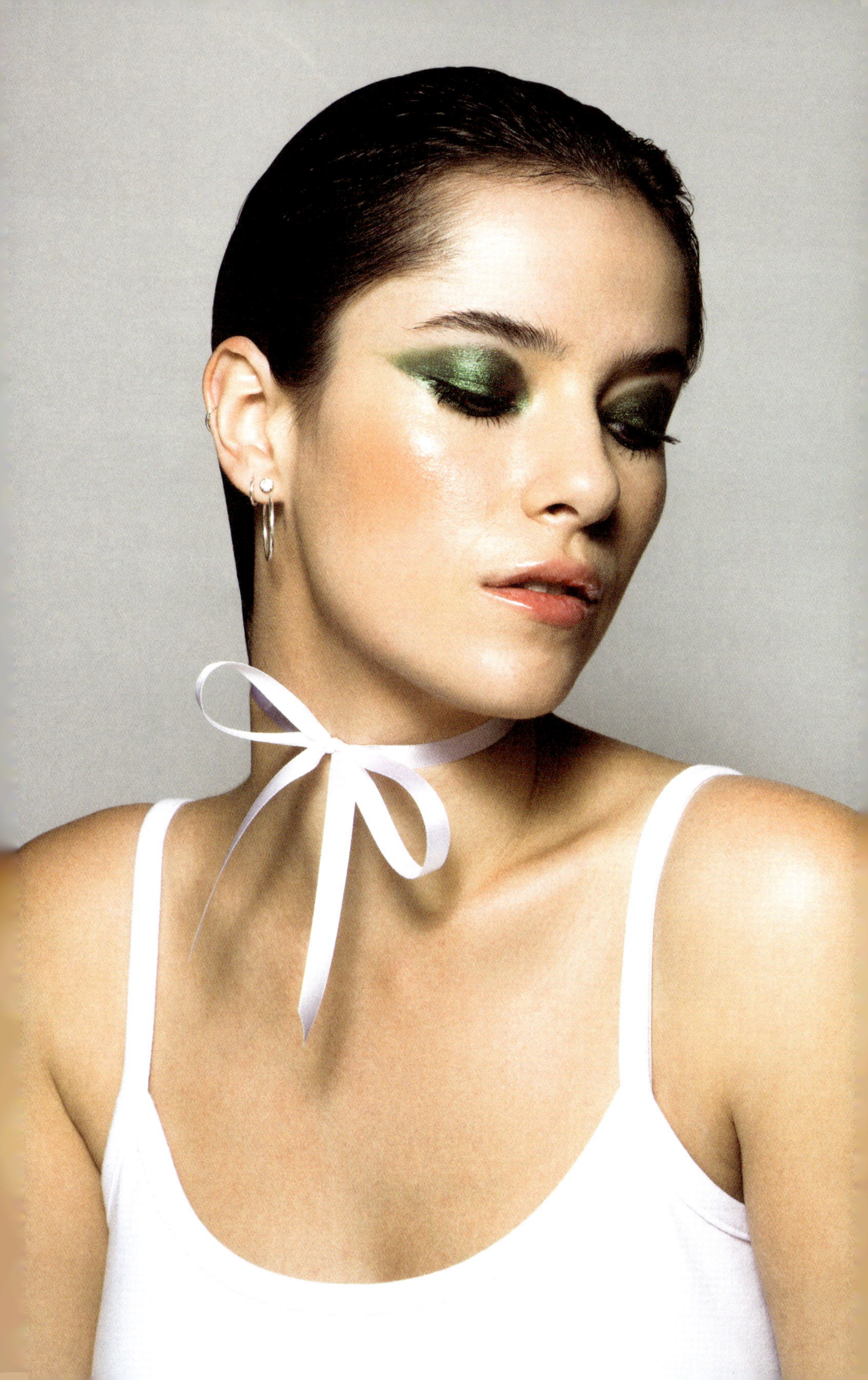

Isabela Matte

Aos 22 anos, Isabela se orgulha de ser empreendedora desde os 12! É superanimada e não liga para a cicatriz em sua testa, fruto de uma brincadeira com o irmão, que resultou em uma queda de cara na parede. No dia a dia usa praticamente só o iluminador e não cobre a cicatriz, até gosta dela. O que a incomoda são as olheiras, mas gosta muito da harmonia de seu rosto.

Com uma base de acabamento acetinado e iluminador em pó, fiz uma pele bem leve. As pálpebras, limpas e sem correção, receberam um primer matificante pra realçar a cor natural. Muita máscara nos cílios superiores e inferiores e lápis bege na linha d'água para aumentar os olhos. Um blush caramelo bem marcado nas maçãs e embaixo do queixo para fazer um leve contorno. Nos lábios, um poderoso batom cor de groselha com acabamento matte. Um look leve e colorido!

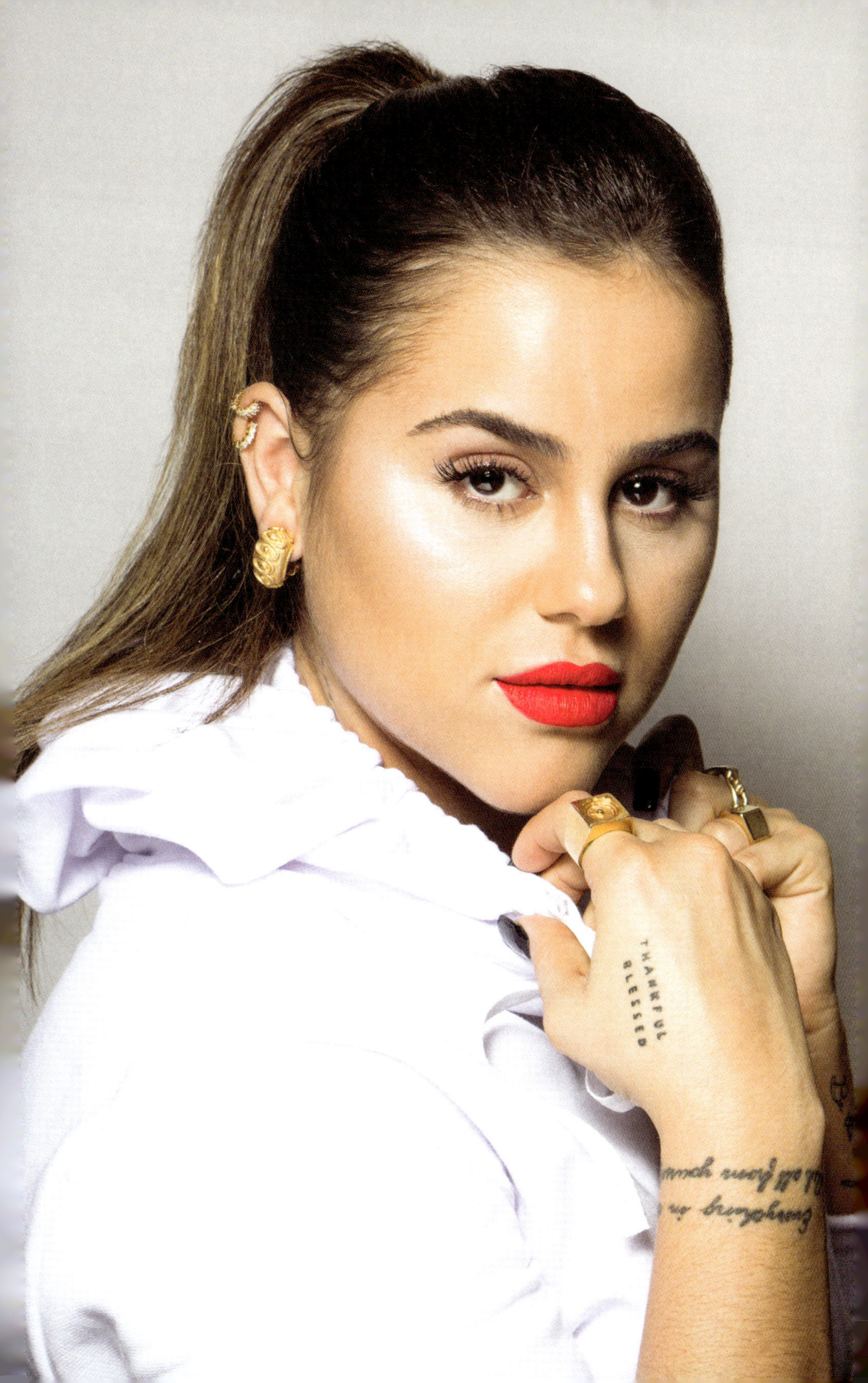
THANKFUL
BLESSED

Beatriz Brito

Quem vê a Beatriz hoje, linda e sorridente, nem imagina o que ela já passou. Beatriz nasceu com fenda palatina (lábio leporino), o que lhe rendeu muito *bullying* na escola. Ser fotografada, então, nem pensar! Inúmeras cirurgias ao longo dos anos a levaram ao resultado de hoje. A maquiagem é sua aliada para ressaltar os seus olhos expressivos e sobrancelhas. Bailarina desde pequena, hoje administra a escola de dança da mãe e encara a vida com um sorrisão estampado na cara!

Para essa make, escolhi uma base bem brilhante para trazer bastante viço à pele e iluminei com o óleo em bastão. Esfumei a pálpebra móvel e embaixo dos cílios inferiores com um marrom-escuro. Escureci a raiz dos cílios com uma sombra preta. Muita máscara em cima e lápis marrom embaixo, na linha d'água, finalizam os olhos. Blush cremoso, leve e rosado para dar volume nas maçãs. Como ela tem maquiagem definitiva nos lábios, usei apenas hidratante. Look de princesa.

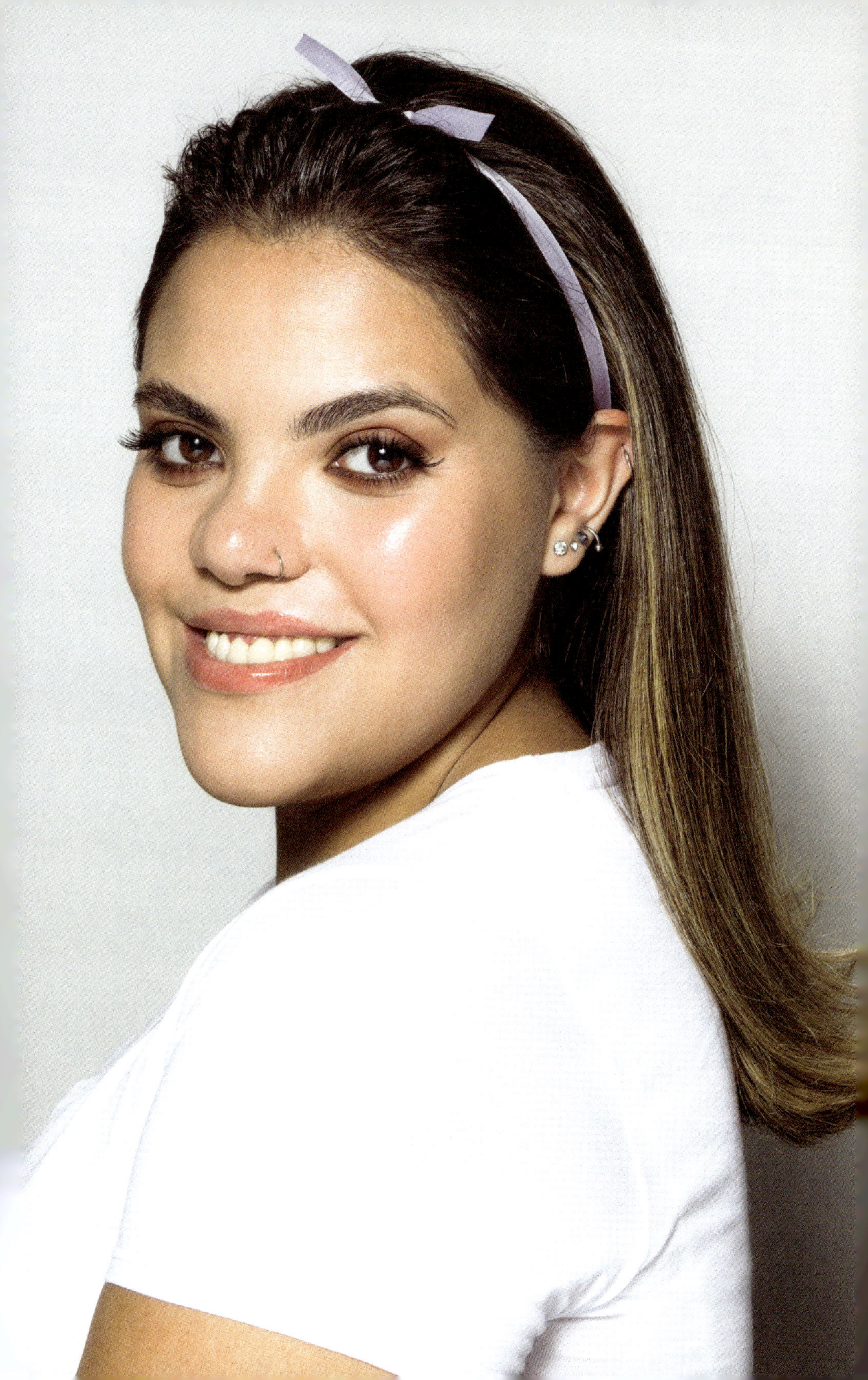

Ida Feldman

Ida é aquele tipo de mulher extremamente interessante, sabe? Ruiva, divertida, *inteligentérrima*, descolada, criadora de frases icônicas, estampadas até em peças de decoração de grandes magazines. Vaidade passa longe quando o assunto é maquiagem. Para ela, maquiagem é uma forma de empoderamento que impõe respeito, mas não a considera necessária para o dia a dia. Porém, os cabelos estão sempre impecavelmente vermelhos e brilhantes.

O *foundation* à base de água deixa a pele corrigida e extremamente leve. O iluminado fica por conta de corretivo mais claro aplicado na zona T do rosto.

Aparei as sobrancelhas e colori num tom de marrom-claro, deixando-as mais harmoniosas com o formato do rosto dela. Dei uma "sujadinha" de marrom na pálpebra móvel e passei máscara só nos cílios superiores. O blush também é muito leve, com acabamento cremoso para deixar um brilho natural. Os contornos são leves e a boca foi apenas hidratada. Make perfeita pra quem não quer parecer maquiada!

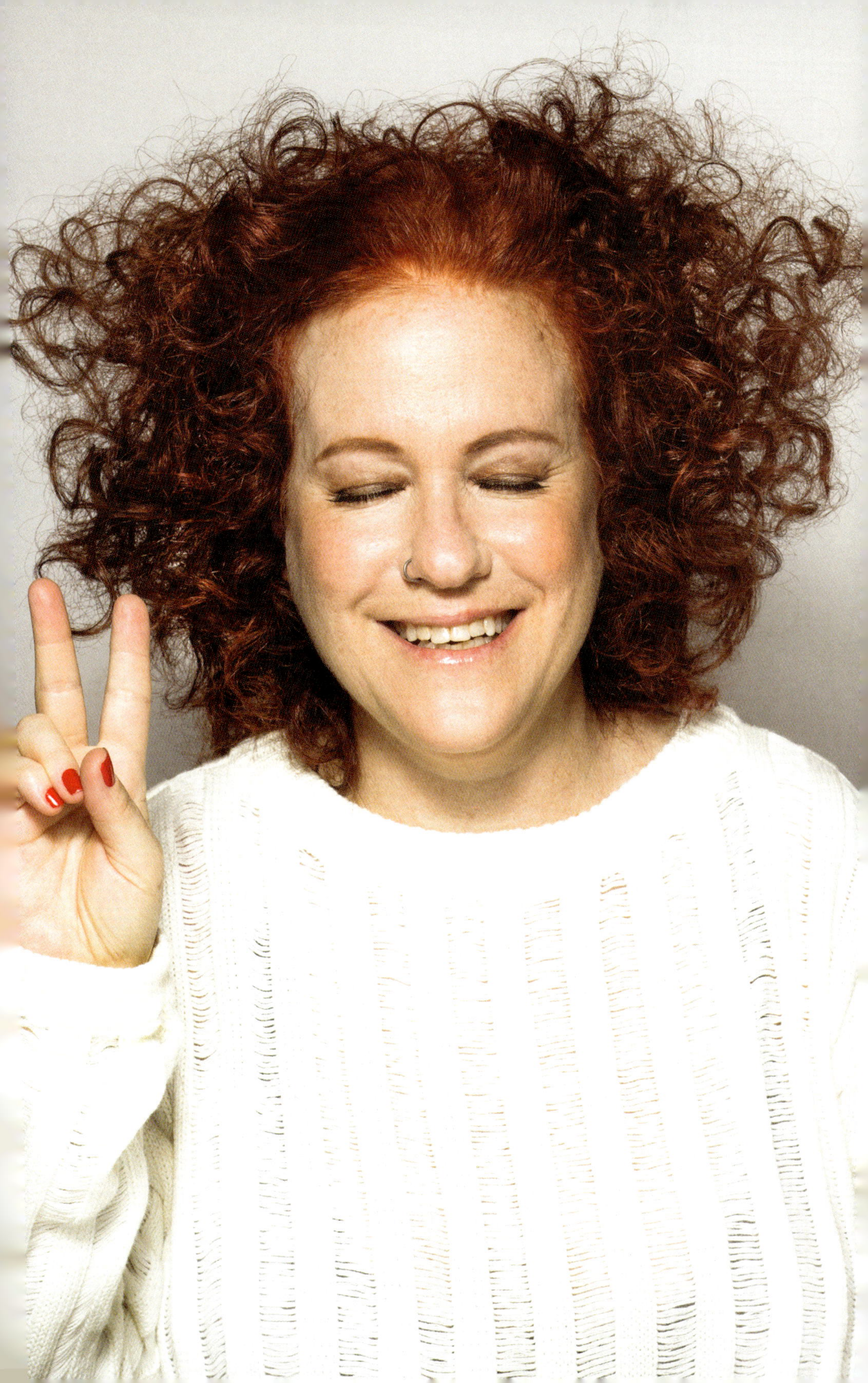

Aretha Sadick

Aretha, dona de um sorriso deslumbrante, tem 32 anos e é de Duque de Caxias (Amo!) no Rio de Janeiro. Atriz, cantora, compositora e intérprete de grandes divas, como Grace Jones. É formada pela Martins Pena. Seu primeiro contato com maquiagem se deu por meio de uma tia, consultora de produtos de beleza. Acredita que maquiagem é fundamental, mas não deve ser uma obrigação.

Para essa pele eu precisava de cobertura, então escolhi uma base com acabamento semimatte, a fim de não tirar totalmente o brilho, e um corretivo mais sequinho para me ajudar na cobertura e nos contornos. O iluminado é de óleo em bastão. Nos olhos, apliquei uma sombra preta cremosa na pálpebra móvel, esfumando em direção ao côncavo, com lápis preto na linha d'água e arrematando com cílios postiços e muita máscara nos cílios de cima e de baixo. As sobrancelhas foram redefinidas e desenhadas com lápis e sombra. O blush é um tom de vinho metalizado, aplicado no alto das maçãs. Lábios desenhados com um tom de boca e muito gloss por cima.

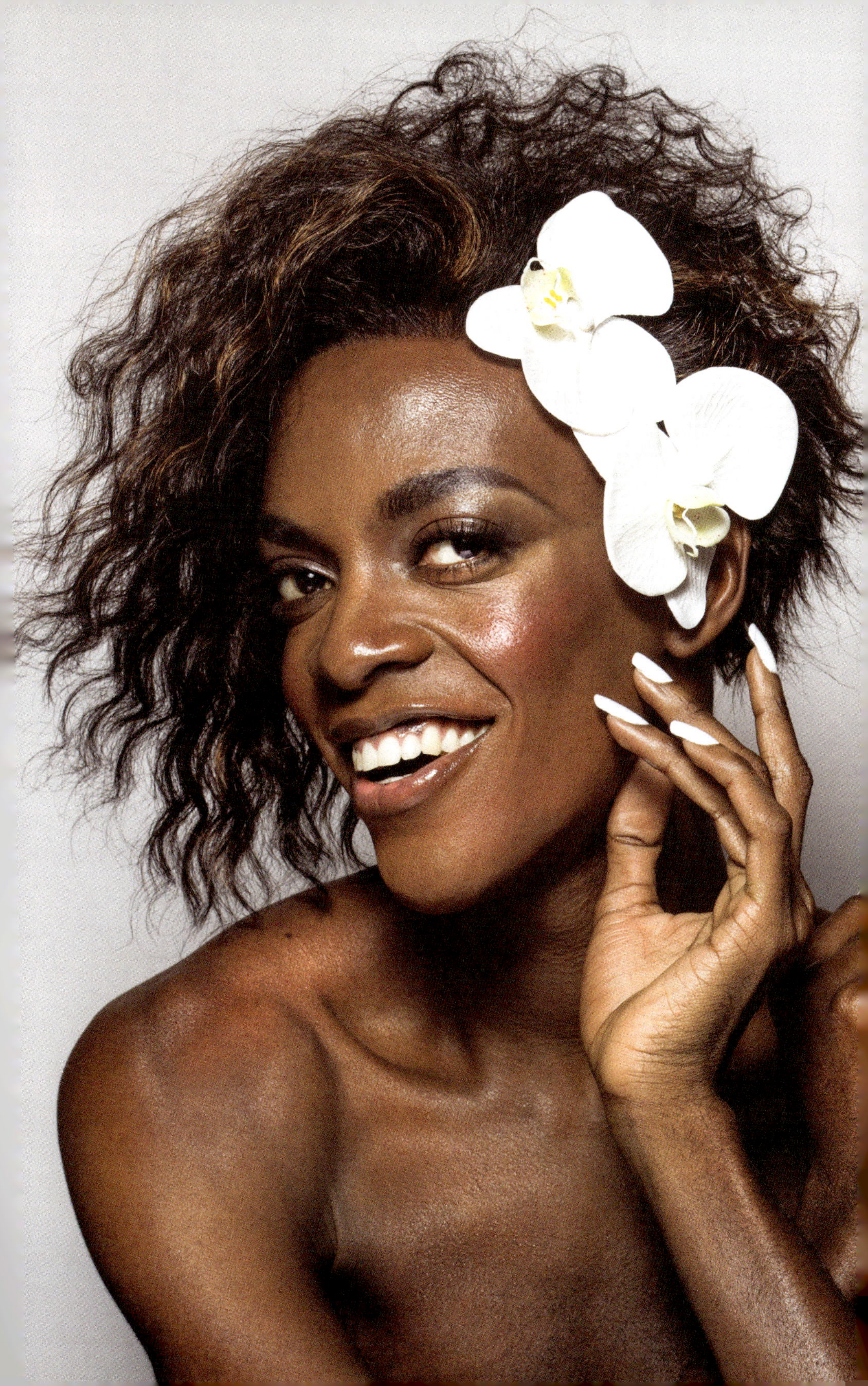

Caroline Castella

Caroline é fotógrafa com uma vasta experiência em modelos *plus size*. Carol dispensa maquiagem no seu dia a dia e usa apenas em ocasiões especiais. Adora meditação, silêncio e energia boa, energia essa que ela também distribui por onde passa. Uma das maiores curiosidades sobre ela é que, apesar de fotografar modelos há dez anos, nunca tinha sido fotografada antes.

Optei por uma base com acabamento acetinado para deixar a pele uniforme e com viço. Ainda iluminei a pele com iluminador cremoso e marquei de leve os contornos. Na pálpebra móvel, apliquei uma sombra perolada com um leve brilho furta-cor. O delineado gráfico com cílios postiços em cima e embaixo ajuda a desenhar os olhos. As sobrancelhas foram alinhadas e penteadas com máscara incolor.

O blush é cremoso e cor de pêssego, aplicado bem no alto das bochechas. Para finalizar o look, batom rosa dá o ar de bonequinha nessa make.

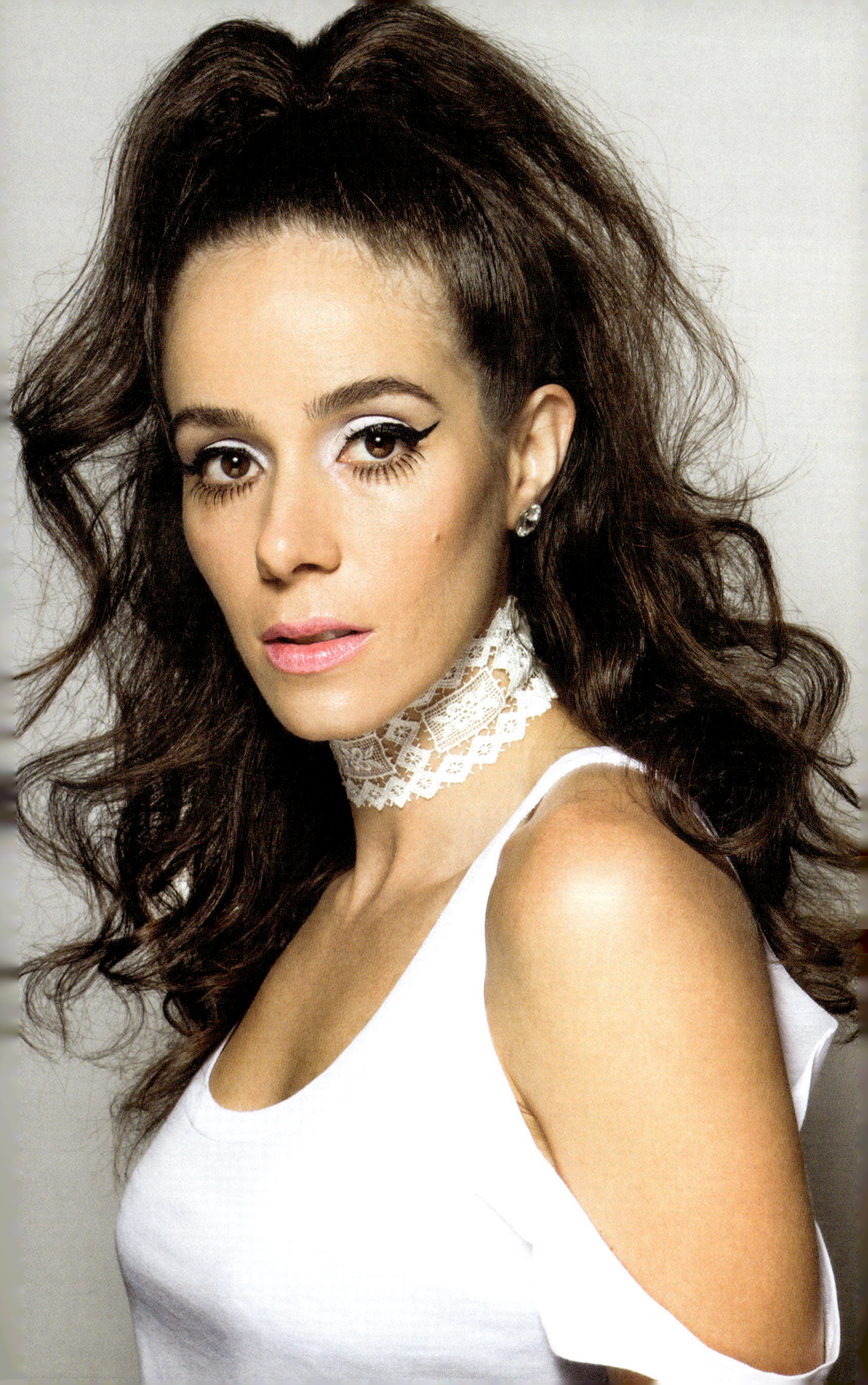

Babu Carreira

Babu é humorista, atriz, feminista e ativista voraz. Tem uma relação de amor e ódio com a maquiagem. Ama fazer, mas acha chato que a mulher seja obrigada a isso. Beleza para ela é autoconhecimento: uma pessoa fica mais bonita quando se aceita e se valoriza como é. É muito divertida e usa sua própria aceitação para ajudar outras mulheres a se aceitarem também.

Com essa pele maravilhosa, a base deve e pode ser bem levinha. Aqui eu usei um BB cream com um corretivo mais cremoso. Harmonizei os traços, contornando o rosto com um pó mais escuro que a pele dela. As pálpebras estão limpas, e tem muita máscara nos cílios superiores. As sobrancelhas, que já são bem definidas, foram penteadas e levemente preenchidas com sombra. O blush é bronze e opaco. Com um delineador caneta, fiz a falsa *tattoo* em cima das sobrancelhas e o coração abaixo do olho. Coloquei um batom melancia com o centro mais claro e MUITO gloss por cima. Muito maravilhosa!

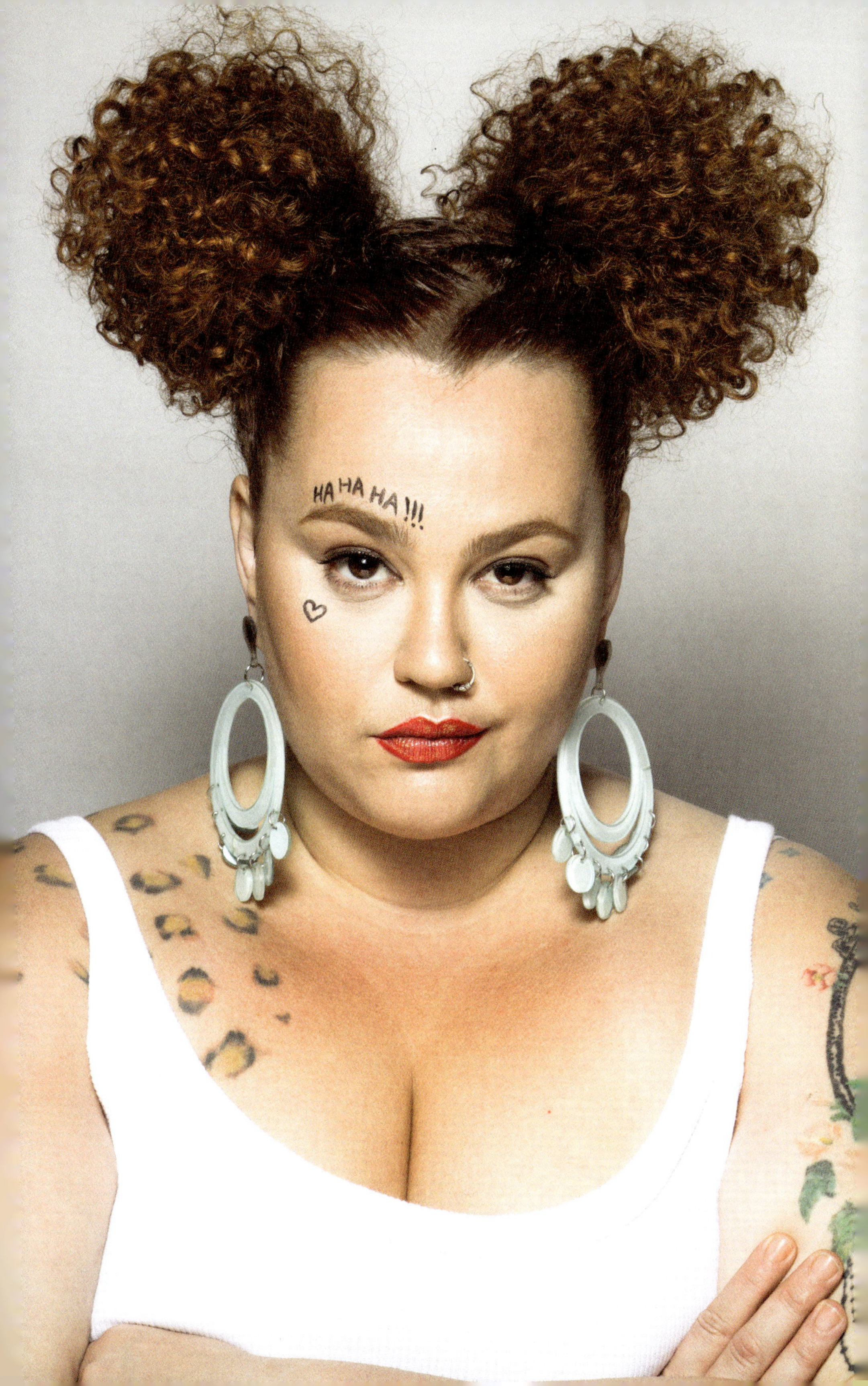
HA HA HA !!!

Raquel Gonzaga

Raquel nasceu no Rio Grande do Norte, mas mora em São Paulo há muito tempo. Ela se maquia todos os dias. Grande parte das manchas em sua pele é decorrente do excesso de sol, em virtude do seu trabalho intenso na praia na adolescência, e as espinhas, da puberdade. Ela ama maquiagem, segue vários perfis de maquiadores famosos nas redes sociais e ainda maquia as amigas para sair. Ela se maquia todos os dias, mas hoje também tem uma rotina rigorosa de limpeza e cuidados, com produtos indicados pela sua dermatologista. Para Raquel, beleza é o que faz você se sentir bem por dentro e por fora.

Para ter uma cobertura intensa, escolhi uma base em bastão de dois tons diferentes, um do tom da pele e outro mais claro para iluminar. Uma sombra da cor bordô metálica cobre toda a pálpebra até depois do côncavo e é esfumada em direção às têmporas. Tem cílios postiços e muita máscara nos cílios superiores e inferiores. Sobrancelhas aparadas, preenchidas e penteadas com máscara incolor.

O blush é em pó e de tom alaranjado, aplicado nas maçãs e nas têmporas.

Nos lábios finos, um batom de acabamento matte e cor de pêssego pra finalizar esse look poderoso.

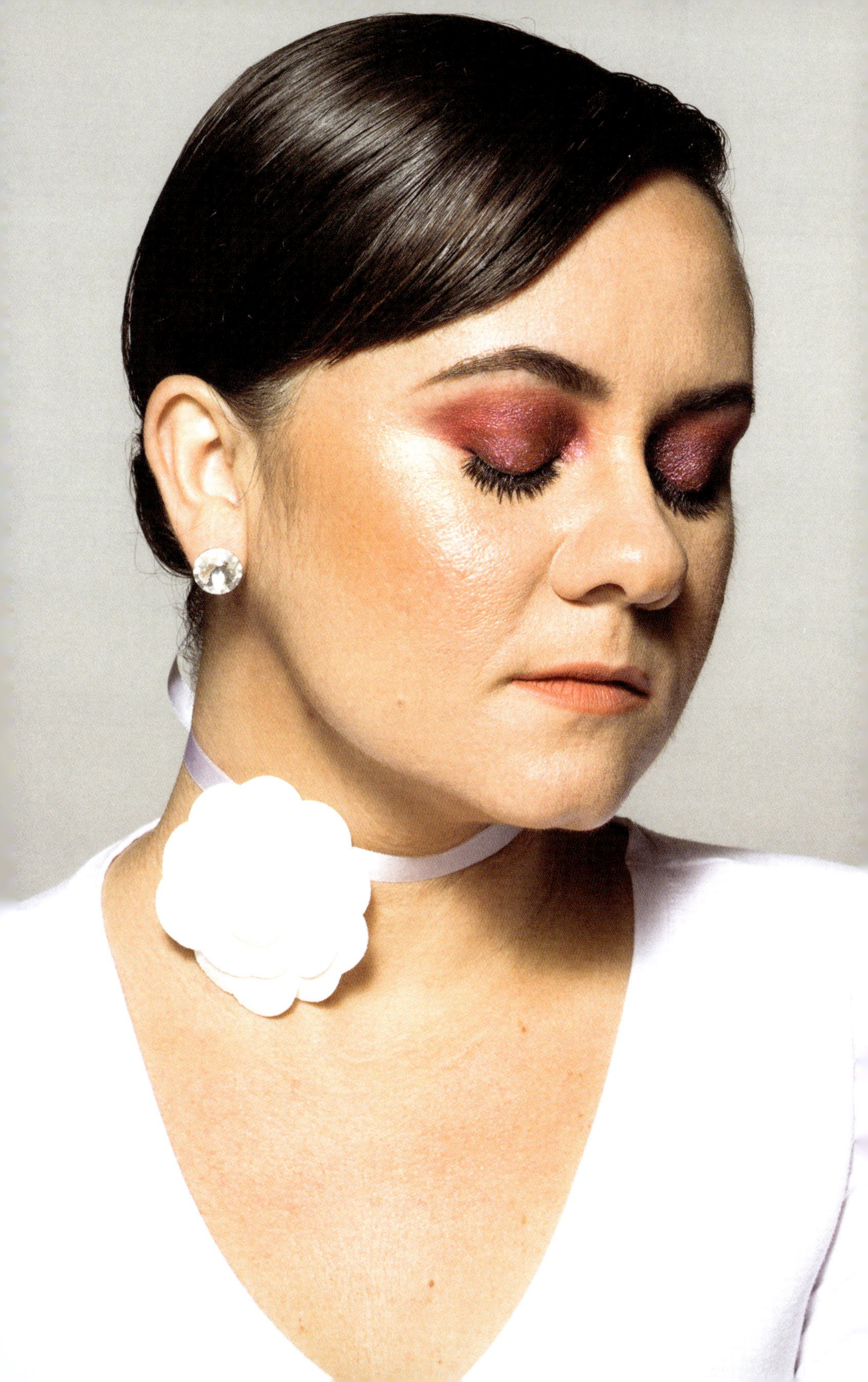

Gabriela Carvalho

A publicitária Gabriela esbanja confiança. Gosta de maquiagem, mas no dia a dia prefere usá-la da maneira mais natural possível. Na hora de uma superprodução, ela gosta de realçar sua boca com um batonzão, marcar os olhos e não dispensa um truquezinho para afinar o nariz. Considera que beleza é se amar e aceitar as próprias imperfeições. Diva, né, mores?

Usei uma base de acabamento matte e realcei com um iluminador cintilante em bastão. Nos olhos, um esfumado básico em tom terroso com um marrom bem escuro na raiz dos cílios. Nos cílios, apliquei muita máscara para criar bastante volume. As sobrancelhas, que já são lindas, foram apenas penteadas com máscara incolor. Usei um blush líquido com um brilho dourado para destacar as maçãs.

Nos lábios, obviamente um poderoso batom vermelho com acabamento matte. Não tem dia nem horário que não dê pra ousar e arrasar com essa make!

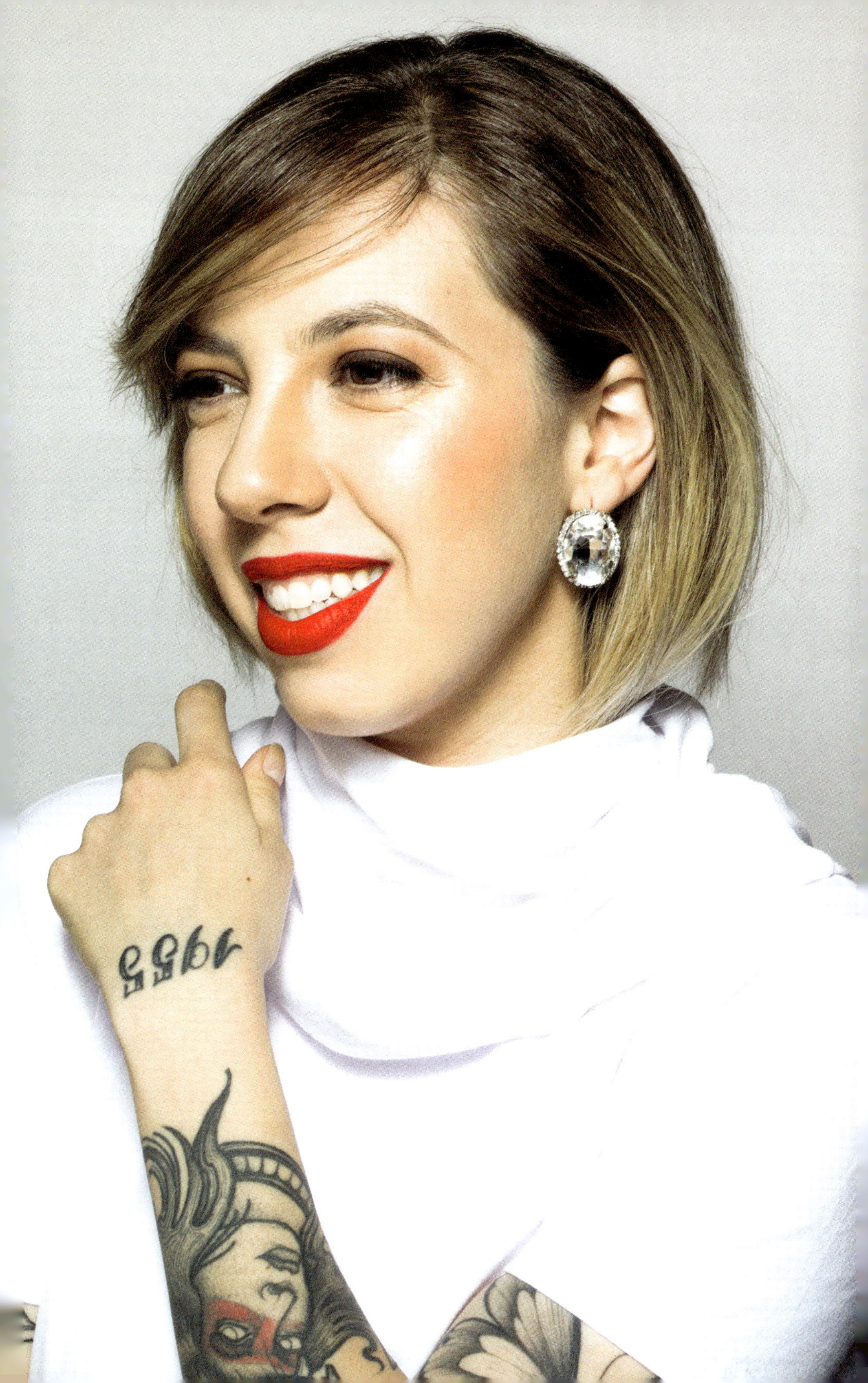

Dani Maldonado

Dani é uma ruiva poderosa, porém tímida e com um olhar delicado. Administradora de um salão de beleza há dois anos, se maquia todos os dias para trabalhar. Montadíssima, porém clássica e chiquérrima. Para ela, o termômetro para usar mais ou menos maquiagem tem TUDO a ver com o seu humor no dia. Acredita que beleza é o que transparece na alma.

Para deixar a pele com viço, usei uma base HD e apliquei um iluminador cremoso cintilante. Fiz um contorno leve com um tom mais escuro que a pele.

Nas pálpebras, apliquei o pigmento ouro velho com um pincel molhado, esfumando na direção das têmporas. Bastante máscara nos cílios superiores e inferiores. As sobrancelhas foram preenchidas e penteadas com máscara incolor. O blush é *bronzing* e tem um suave brilho dourado, aplicado do alto das maçãs até as têmporas. Nos lábios, apenas hidratante. *It's party time*, manas!

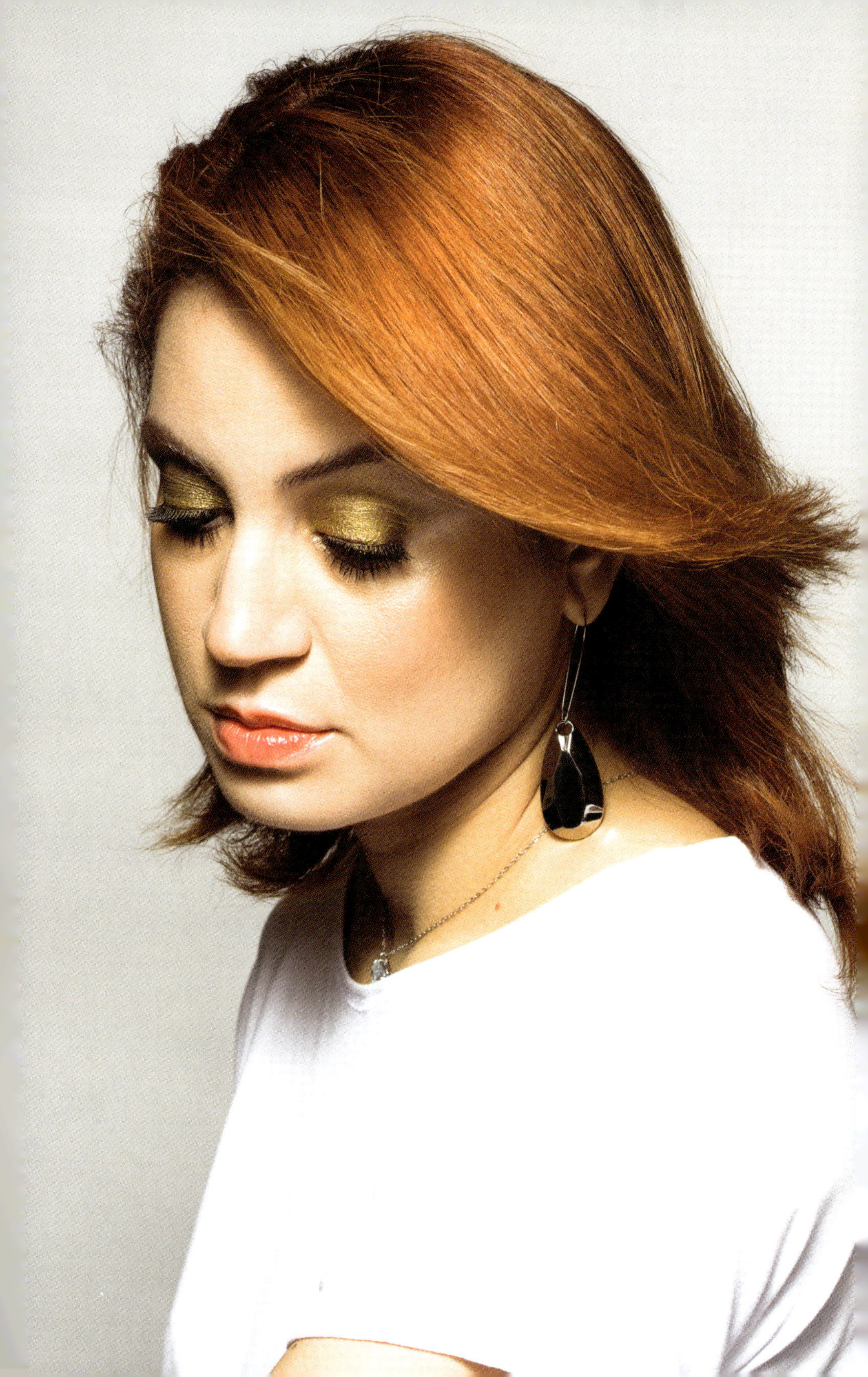

Elton

Elton é um pouco tímido à primeira vista, mas, como todo bom performer e artista visual, é sob a luz dos holofotes que a maquiagem entra na sua vida. Rosto lindo, de traços finos, delicados e simetria perfeita. Praticamente uma tela. Julga que a beleza é algo relativo, o que é lindo para uns, talvez não seja para outros.

Nessa pele incrível, usei todos os produtos em creme. Apliquei somente um primer e BB cream. Um contorno leve com iluminado cintilante para dar destaque aos volumes do rosto. Apliquei um pigmento acobreado concentrado no meio das pálpebras e fui esfumando em direção ao côncavo. Muita máscara nos cílios superiores e as sobrancelhas penteadas com máscara incolor. O blush é quase da cor da pele, porém com bastante brilho para manter o viço. Os lábios eu esfoliei, hidratei e apliquei um gloss transparente pra dar destaque e criar mais volume. É o poder da *beauty*, bb!

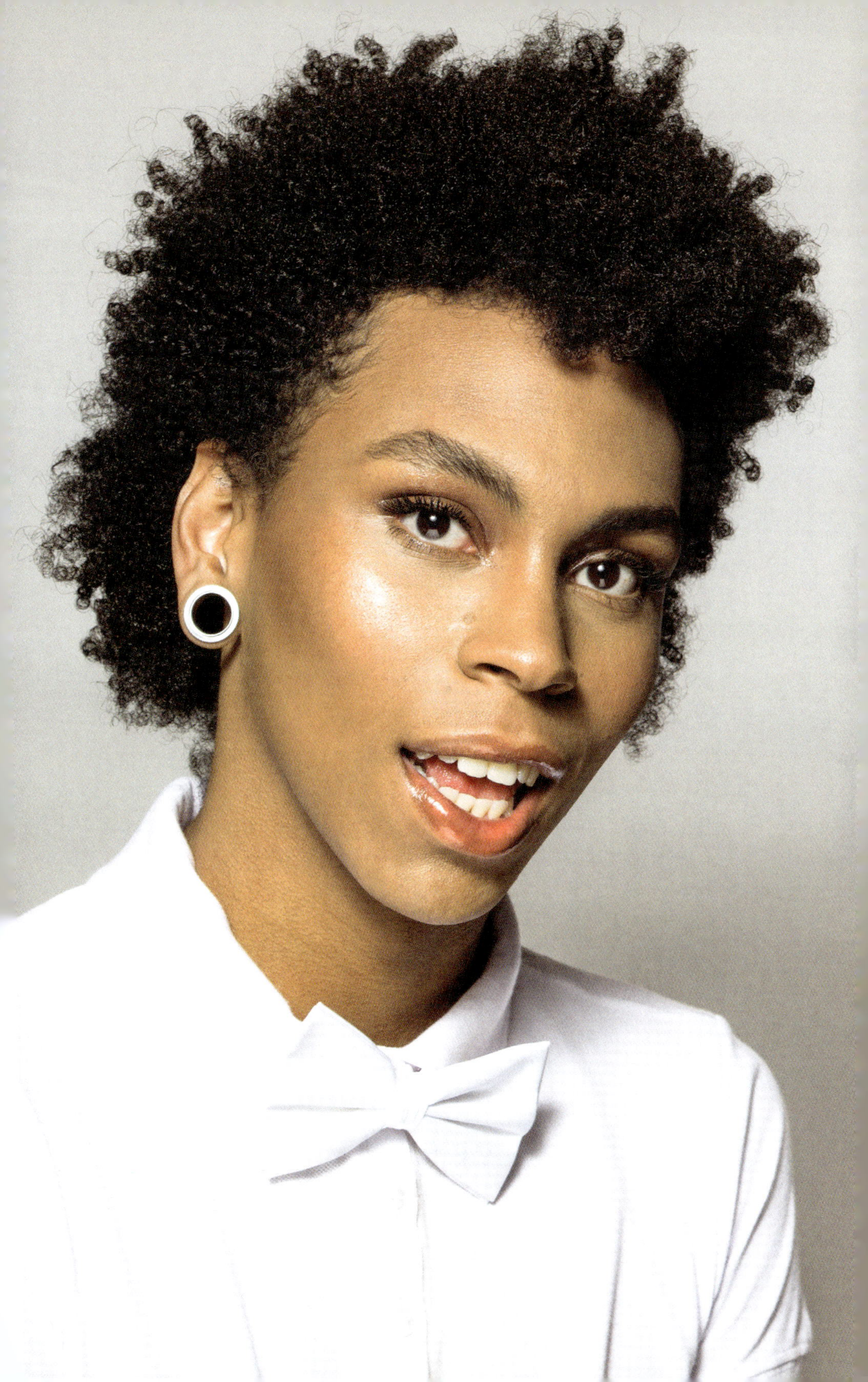

Lisiane Lemos

Lisiane é o poder! Gaúcha de Pelotas, trabalha em uma megaempresa de tecnologia. Quando era criança, queria muito um trabalho que a levasse mundo afora. Realizou esse sonho e aproveita tudo o máximo que pode. Maquiagem é outro assunto que ela curte e domina, fez até um curso de automaquiagem para aprender mais.

A pele da Lisiane precisa de cobertura, então usei uma base de acabamento semimatte e mais outros três tons para corrigir as olheiras, iluminar e contornar o rosto de forma natural. Apliquei um lápis preto cremoso no centro da pálpebra móvel e esfumei em direção ao côncavo. Em cima desse esfumado, apliquei uma sombra preta para selar o efeito criado. Com o mesmo pincel, também esfumei a linha dos cílios inferiores juntando com o lápis preto da linha d'água. Coloquei cílios postiços e apliquei máscara para unir com os cílios dela, além de aplicar máscara também nos cílios inferiores.

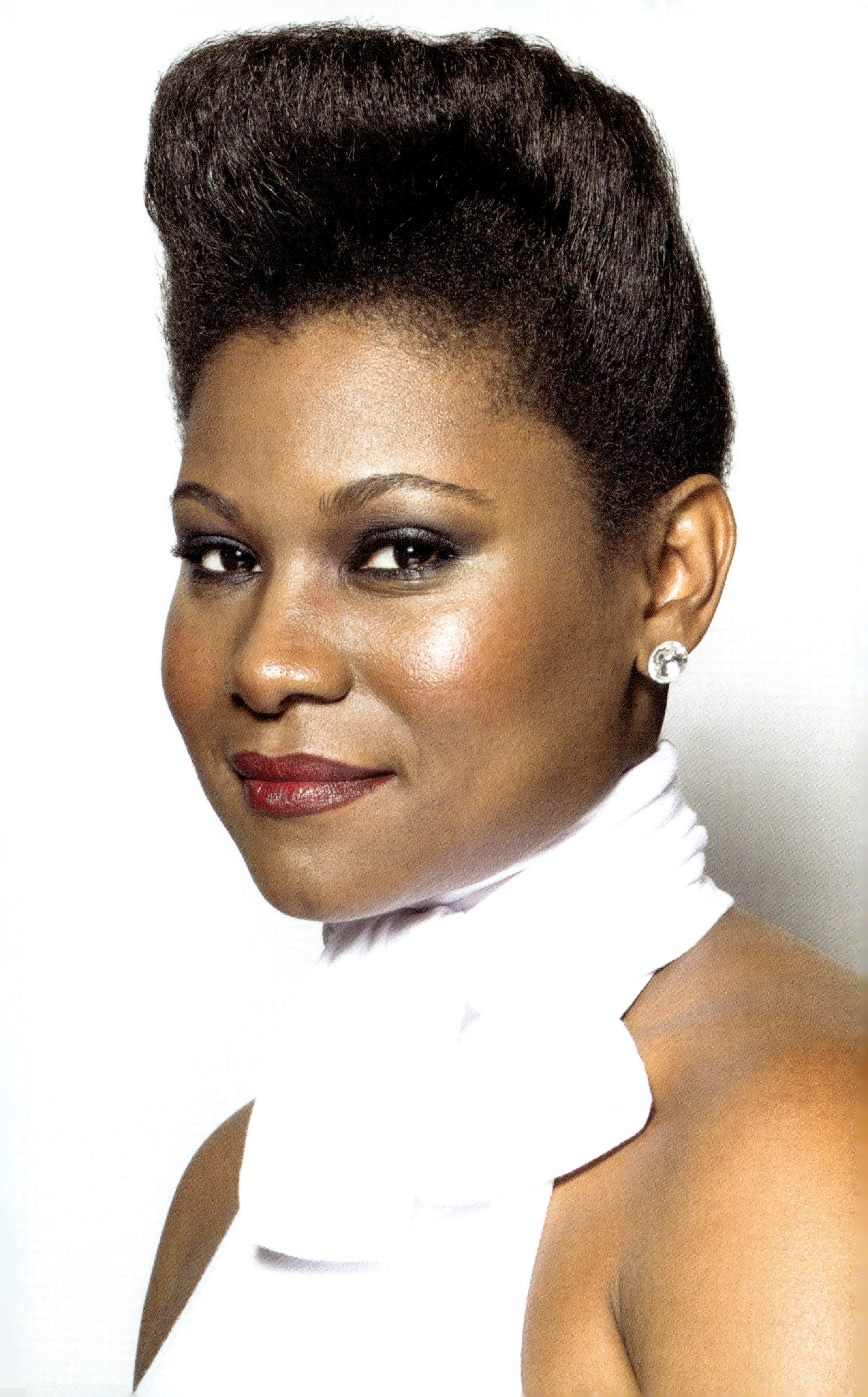

Lica Kohirausch

Lica era tenista e não usava protetor solar (ninguém usava...). O mais perto que chegava da maquiagem era uma mascarazinha nos cílios e olhe lá! Normalmente está de cara lavada (água e sabão!). Cuida da pele, mas sem grandes rituais de beleza. Do seu home office, cuida com maestria da carreira de grandes modelos. Dona de uma beleza ímpar, gosta de se maquiar desde que isso não a transforme em outra mulher.

Nessa pele, cobertura e viço são de extrema importância. Usei um pincel *duo fiber* para aplicar duas camadas de uma base "face&body" em todo o rosto, colo e pescoço. Com um corretivo de textura mais matte e de cor levemente mais clara que a base, corrigi embaixo dos olhos, na zona T e embaixo das maçãs. Com um pó HD, selei embaixo dos olhos, raiz dos cabelos, lateral do nariz. Nos olhos, mantive as pálpebras limpas e sem correção, apliquei uma generosa camada de máscara nos cílios superiores e esfumei um leve marrom embaixo dos cílios inferiores, deixando os cílios sem máscara. Colori os pelos das sobrancelhas sem pintar a pele de baixo, criando assim um efeito mais natural. O blush é cremoso e rosado com efeito reluzente e aplicado no centro das maçãs. Lábios esfoliados e hidratados. Chique Real Oficial!

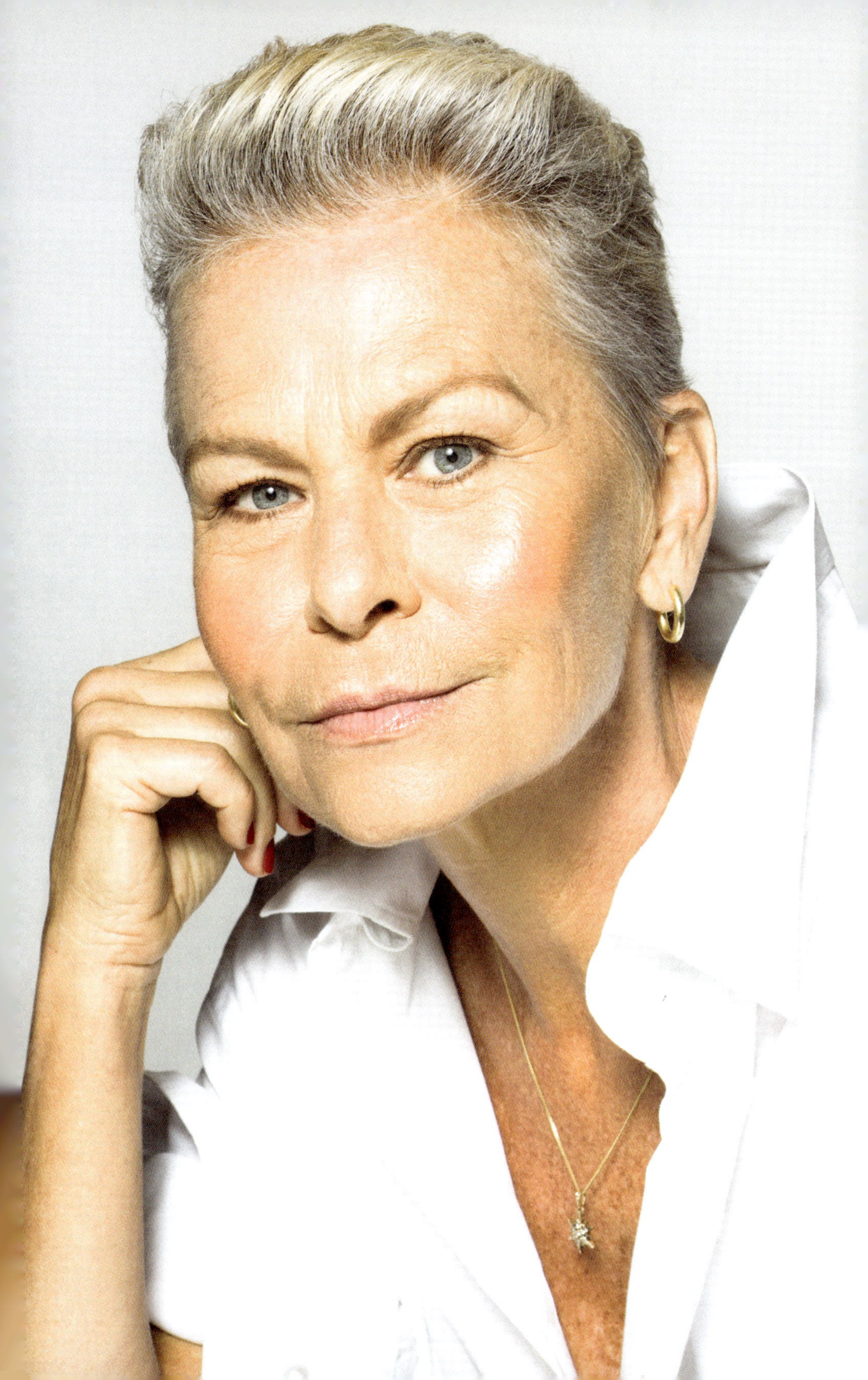

Tauany Almeida

Eu costumo dizer que transição capilar não é moleza. É muito mais que uma mudança externa; é de dentro para fora. E a Tauany sabe muito bem disso, pois passou mais de um ano nesse processo. Não é de muita make, mas batom e máscara de cílios estão na sua rotina. Fora isso, tem cuidados básicos com a sua pele, lava com um bom sabonete, água fria e hidrata antes de dormir. Com certeza é motivo de inspiração.

Na pele, somente hidratante e BB cream. Com as pálpebras limpas e sem correção, apliquei o blush cremoso pink a partir do alto da pálpebra superior em direção às maçãs, e apliquei um gloss transparente na pálpebra móvel. Tem máscara nos cílios superiores e inferiores para alongar, e passei lápis bege na linha d'água para dar uma aumentada nos olhos. As sobrancelhas foram penteadas com máscara incolor. Nos lábios, a fim de criar volume, usei um supergloss pink. Um look jovem e moderno!

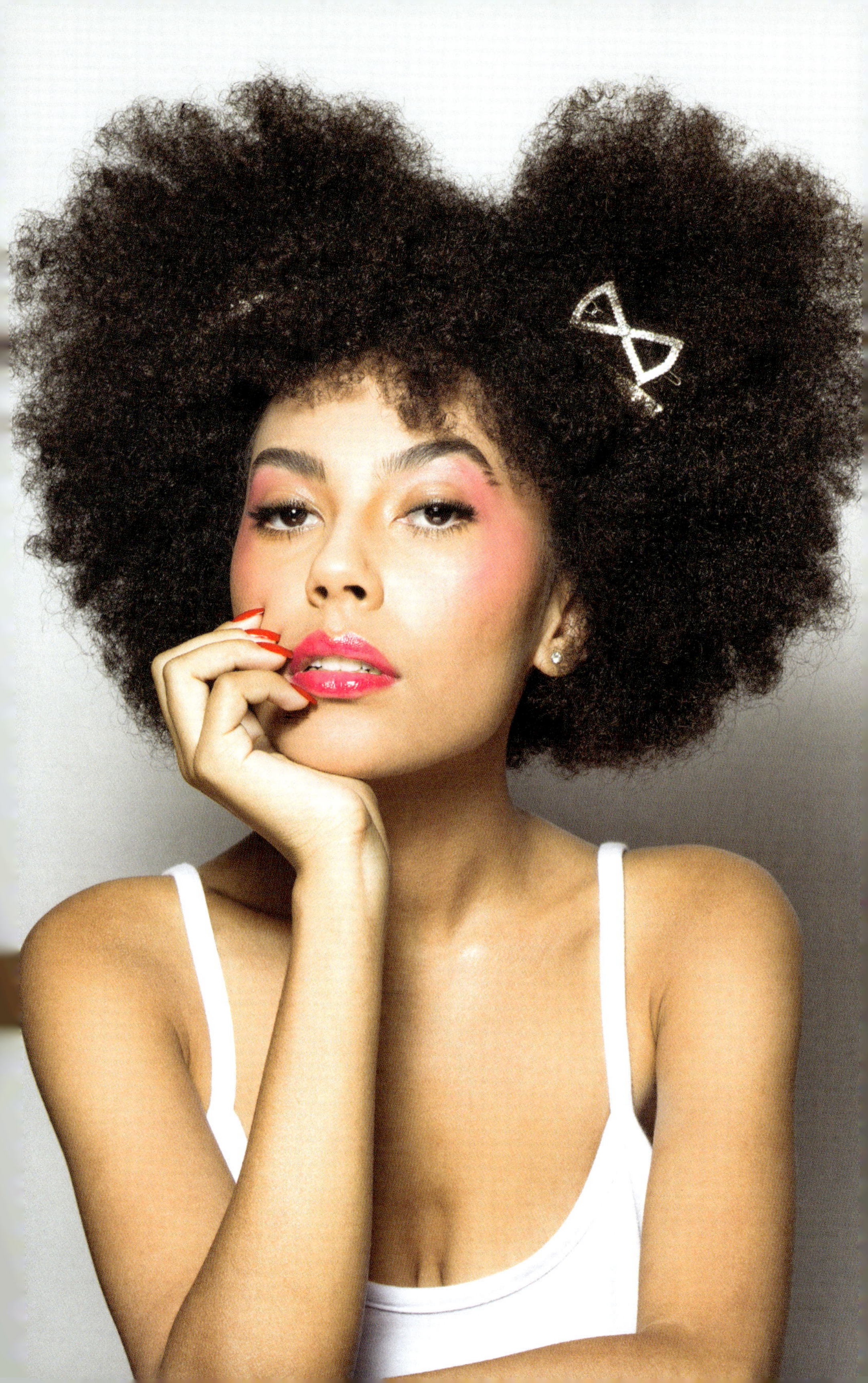

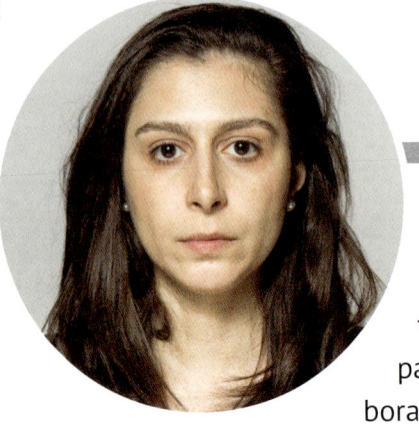

Grace Kelly Delalibera

Ela já tem nome de princesa e usa maquiagem todos os dias. Grace Kelly alterna entre uma make básica para trabalhar e uma mais elaborada para sair. Quando solteira, dormia de maquiagem ao chegar da balada. Mas hoje, remove bem a maquiagem, limpa e hidrata a pele no banho. Para ocasiões especiais, gosta de chamar alguém para maquiá-la, assim não corre risco de errar. Beleza, para ela, é a felicidade que brota de dentro de cada um.

Eu amo um carão destacado! Usei três tons de base matte de alta cobertura, o tom da pele, um mais claro e um mais escuro. Assim, ao mesmo tempo que cubro a pele, já faço os contornos e a iluminação. Nos olhos tem duas cores, dourado na pálpebra móvel e ferrugem no côncavo. Coloquei cílios postiços para dar mais volume e apliquei máscara nos cílios superiores e inferiores. Nas sobrancelhas, apenas máscara incolor. Um blush bronze para dar mais desenho e volume às maçãs. Escolhi um batom de acabamento matte e com um tom terroso, parecido com a sombra do côncavo. Look de princesa!

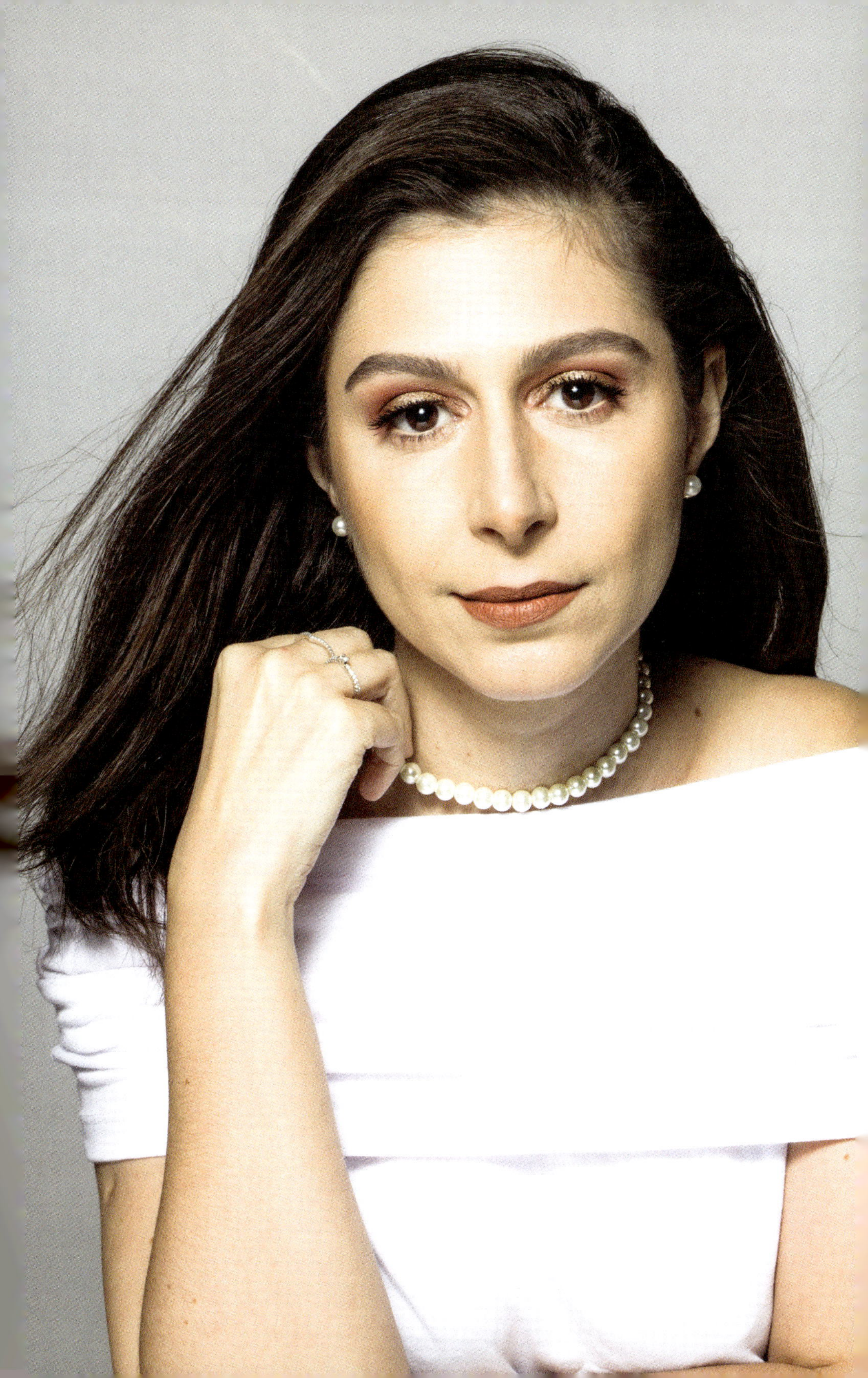

Patrícia

Patrícia é linda, jovem e por conta das manchas de sol usa maquiagem todos os dias.

Sua batalha contra as manchas começou quando era bem nova. Uma pequena manchinha na bochecha foi se alastrando até se espalhar pelo rosto. Desde então, fez vários tratamentos dermatológicos; as manchas atenuam-se por um tempo, mas acabam voltando.

As manchas não a deixam insegura porque a Patrícia sabe que beleza é muito mais que uma make bem-feita. Beleza é atitude!

Para cobrir as manchas, usei uma base em bastão com acabamento HD aplicada direto na pele e espalhada com uma esponja. Com um corretivo mais claro, fiz a área dos olhos e iluminei. Selei tudo com um pó leve e translúcido. Com um corretivo cremoso, um pouco mais escuro que a pele dela, fiz um leve contorno para harmonizar os traços do rosto. Olhos levemente marcados com sombra chumbo esfumada na pálpebra móvel e muita máscara nos cílios superiores. Harmonizei o desenho das sobrancelhas com uma sombra marrom. Apliquei um blush rosado líquido no alto das maçãs para dar volume. Nos lábios, usei um batom líquido e brilhante na cor melancia. Linda e natural!

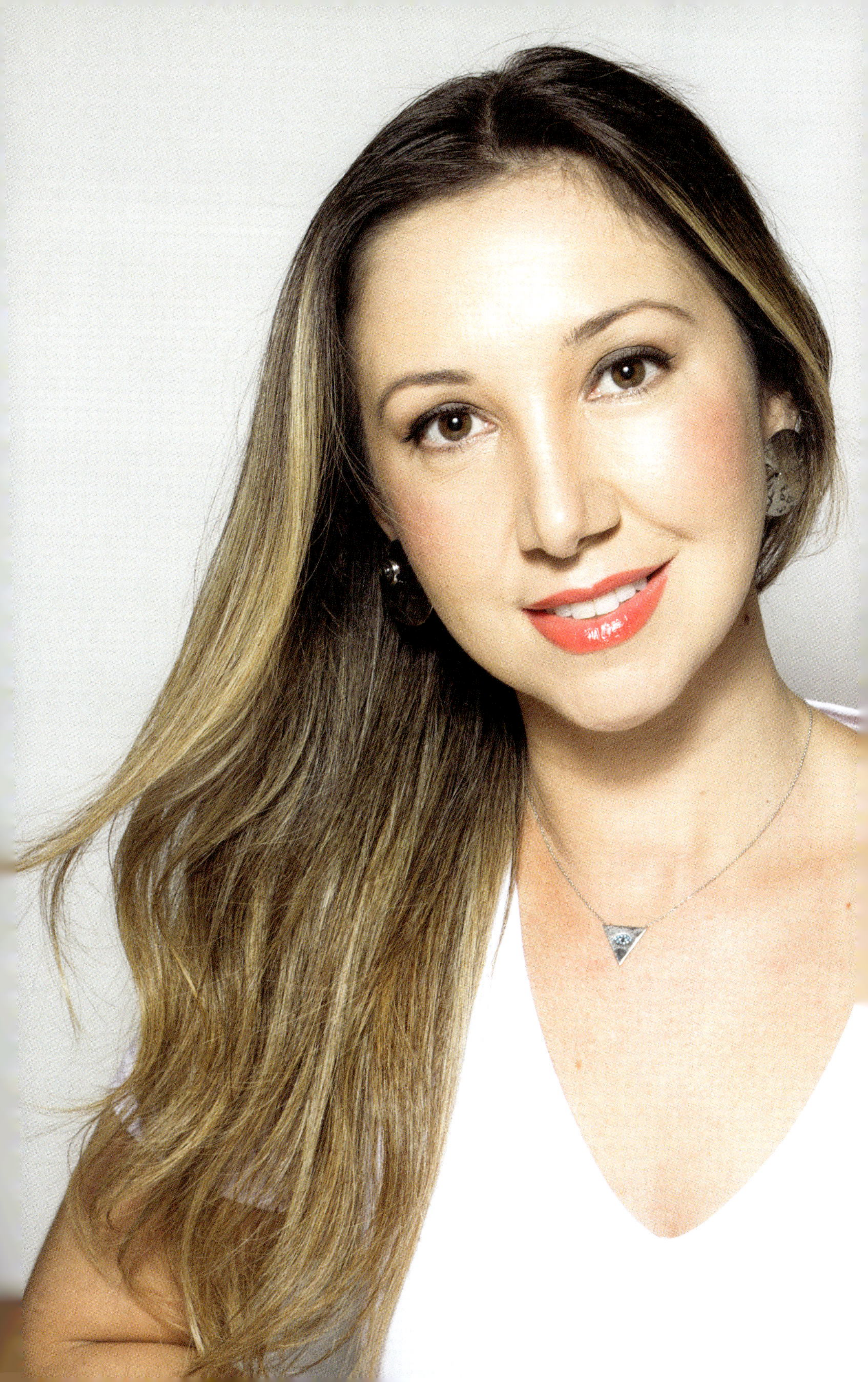

Maithe (Maria Teresa)

Maria Teresa, ou Maithe, como prefere ser chamada, é a simpatia em pessoa! Começou sua relação com a maquiagem bem cedo, aos 12 anos, usando a maquiagem da mãe para esconder marcas de acne. Hoje em dia, ela não sai de casa sem maquiagem e diz que, se pudesse, já acordava maquiada! (Eu também!)

Entendidíssima do assunto, é sempre requisitada para dar aquele tapinha na beleza das amigas.

Sem hesitar, acredita que a beleza interior é o que mais importa e que temos que nos sentir belos, independentemente do que os outros pensem.

Nessa pele, eu precisava de muita cobertura, mas não queria perder o viço, então usei uma base HD com acabamento acetinado. Apliquei uma camada do tom da pele dela, deixei secar e apliquei outra camada, mas dessa vez alternei tons claros e escuros para iluminar e criar volumes no rosto, como um contorno mais natural. A sombra é vermelha esfumada até sumir perto das sobrancelhas. Esfumei um pouquinho de preto no canto externo da base dos cílios superiores e esfumei também o canto externo inferior dos cílios, dando destaque e aumentando o formato dos olhos.

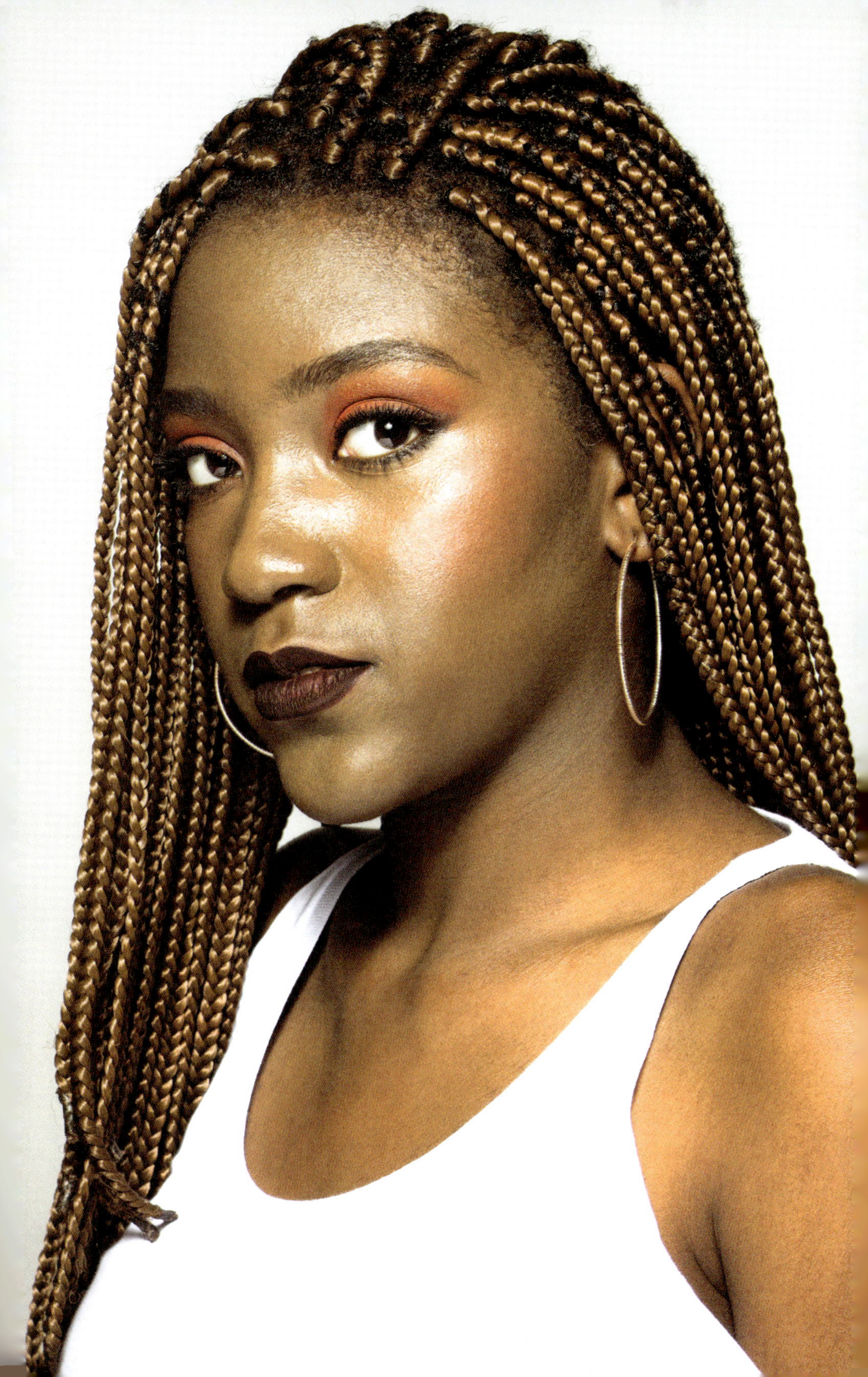

Na linha d'água tem lápis marrom e tem também muita máscara nos cílios superiores e inferiores. As sobrancelhas foram levemente preenchidas e penteadas com máscara incolor.

O blush é cremoso, rosado e bem *glow*. Os lábios foram preenchidos com um batom cor de berinjela e acabamento matte. Look poderoso pra essa deusa de ébano!

Dicas para uma pele perfeita

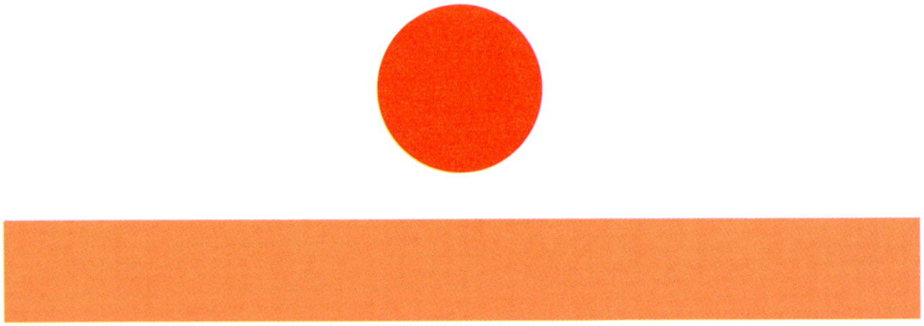

Todo mundo quer deixar a pele bonita, macia e hidratada, não é mesmo? Para isso, algumas atitudes simples na rotina fazem muita diferença. O segredo de uma pele bonita e saudável vai muito além dos cuidados de limpeza e da proteção solar.

O que podemos fazer para retardar os efeitos do tempo e de outros agentes é ficar atentas aos detalhes e não relaxar na hora da prevenção. Seguem dez dicas para você colocar em prática o quanto antes, e manter a beleza da sua pele por muito mais tempo.

1. ALIMENTAÇÃO

Nós realmente somos o que comemos, porque quem não se alimenta bem só vai conseguir da maquiagem um disfarce, e esse não é o ponto de se maquiar. Comer bem significa respeitar seu corpo e não cometer exageros, se servir de todos os grupos alimentares e sempre ter o cuidado de ingerir fibras. Um corpo que funciona bem significa uma pele mais viçosa, com menos oleosidade e mais equilíbrio nos poros, ou seja, você não vai se sentir tentada a se esconder atrás de bases ou pós compactos.

2. Água

Já virou até piada na internet, mas realmente o melhor conselho que uma pessoa pode dar a outra é "beba água". Eu não sou médico, mas recebemos esse conselho de qualquer dermatologista ou esteticista. A água é fundamental para repor a hidratação do corpo todo (e da pele, por consequência) e uma pessoa bem hidratada literalmente rejuvenesce. A beleza começa de dentro para fora. Aliás, uma pele bem hidratada inclusive recebe melhor os produtos, a base não craquela, o efeito fica mais natural. Mais do que passar um bom hidratante (que é importante), comece a hidratação por dentro.

3. Proteção solar

Esse é outro conselho clássico que qualquer dermatologista pode confirmar. O sol é uma delícia, mas realmente acaba com a pele e traz um risco grande de câncer. Escolha um protetor diário para o seu tipo de pele (existem até aqueles com cor, que podem agilizar a vida de quem não vive sem base). Muitos BB creams hoje também possuem fator de proteção solar e são excelentes se você não se expõe muito ao sol.

4. Sono

Dormir bem e uma quantidade suficiente de horas é melhor do que qualquer creme ou maquiagem. Além de reorganizar os seus pensamentos, o sono proporciona beleza e vitalidade na pele, principalmente na região dos olhos.

5. Adeus, vícios

Mais um clássico do consultório do dermatologista (e de todas as especialidades médicas): não existe benefício em fumar. Simples assim. Cigarro reduz a oxigenação do tecido da pele, piora inflamações e manchas, e faz envelhecer muito mais rápido. A bebida alcoólica, por sua vez, desidrata, então não adianta gastar dinheiro com creme se você não consegue beber moderamente, fazendo sua pele passar por maus-tratos.

6. Limpeza e esfoliação

Vivemos em um ambiente em que o próprio ar é totalmente contaminado por fumaça, poeira, e outros elementos que obstruem os poros, criando o clima perfeito para a proliferação de bactérias, e assim surgem os cravos e as espinhas. Cuide bem da limpeza da pele, com demaquilantes e sabonetes específicos para seu tipo de pele. Fazer esfoliação é bom para evitar pelos encravados e eliminar células mortas. De quebra você ainda controla a oleosidade e melhora a absorção dos produtos para a pele.

7. Maquiagem

Opte por ter menos produtos, mas que sejam de qualidade e de acordo com o seu tipo de pele e suas necessidades. Melhor ter um batom bom do que dez que podem fazer mal, durar pouco, ou borrar no dia da entrevista de emprego. Maquiagens de procedência duvidosa podem causar alergias. E, apesar de adorar maquiagem, tudo tem limite: sempre tire tudo antes de dormir com demaquilante, lavando o rosto logo em seguida.

8. Hidratação

Tenha o cuidado de escolher um hidratante para o seu tipo de pele, e passe todos os dias, duas vezes ao dia, e sempre antes de fazer uma maquiagem (em geral, quando você passa pela manhã, já resolve essa questão). Pele bem hidratada por dentro e por fora fica mais elástica, tem brilho natural e aspecto macio.

9. Área dos olhos

Um grande terror para quem se preocupa com envelhecimento precoce, a área dos olhos tem uma pele mais sensível que o resto do rosto e precisa de produtos específicos que não deem alergia. Eles devem ser aplicados duas vezes por dia, de manhã e à noite.

**Acreditamos
nos livros**

Este livro foi composto em PT Sans Pro, Times
e DIN 1451, e impresso pela Geográfica para a
Editora Planeta do Brasil em abril de 2021.